Martin Born

Unsere Lieblingsrezepte

Gießbert kocht mit den Landfrauen

Illustriert von Sepp Buchegger

Silberburg-Verlag

1. Auflage 2006

Schönbuchstraße 48, D-72074 Tübingen.

Redaktionelle Bearbeitung: Gabriele Odenwaeller,
SWR4 Redaktion Magazine, Stuttgart.
Umschlaggestaltung: Christoph Wöhler, Tübingen,
unter Verwendung einer Zeichnung von Sepp Buchegger.
Druck: Gulde-Druck, Tübingen.
Printed in Germany.

ISBN-10: 3-87407-710-1
Ab 2007 ISBN-13: 978-3-87407-710-1

Auf einen Blick

Frühjahr

Suppen und Vorspeisen

6 Remstäler Schneckensuppe
7 Riebelessuppe
8 Sauerampfersuppe
9 Lachspfannküchlein mit Crème fraîche
10 Gemüsesülze

Hauptspeisen

11 Pißangeli mit Speck
12 Saure Kartoffelrädle
13 Kartoffel-Cordon-bleu
14 Maultaschen
15 Quiche mit Hopfenspitzen
16 Hannas Fischsuppe vom Federsee-Waller
17 Hochzeitsbratwurst mit Inges unschlagbarem Kartoffelsalat
18 Schwabentopf
19 Fleischküchle
20 Weibertreu-Schnitzel

Nachspeisen

21 Nonnenfürzle
22 Apfelküchle
23 Süßer Reis
24 Luftiger Scheiterhaufen oder Süßer Traum
25 Joghurt-Creme »Fürst-Pückler-Art«
26 Schokocreme aus Mohrenköpfen

Sommer

Suppen und Vorspeisen

28 Kräuterflädle als Suppeneinlage
29 Buttermilchsuppe
30 Eierstichsuppe
31 Grillschinken mit Kirschsoße
32 Spargelcocktail

Hauptspeisen

33 Eebiragschmorgel (Kartoffelkaiserschmarrn)
34 Hefeknöpfle (nach Großmutter Eva)
35 Ahnes Leibgericht – Bachene Fille
36 Zibeben-Sause
37 Spinatpudding
38 Felchenfilet Konstanzer Art
39 Saure Zipfel
40 Nudeleintopf
41 Bunter Truthahn
42 Saurer Rindfleischtopf
43 Ritterschmaus

Nachspeisen

44 Holunderblütencreme
45 Sauerkirsch-Quarkcreme
46 Zwetschgen-Grütze
47 Quarkspeise mit Honig
48 Dumm und dämlich
49 Zitronencreme
50 Pfitzauf

Herbst

Suppen und Vorspeisen

52 Kürbiscremesuppe
53 Kastaniencremesuppe mit Käse und Zimt
54 Schwäbische Hefesuppe
55 Selleriesuppe
56 Pikante Schneckle
57 Markgräfler Meerrettichsuppe
58 Gefüllte Eihälften

Hauptspeisen

59 Kartoffelkuchen Härtsfelder Art
60 Krautspatzen
61 Topinambur-Püree
62 Kartoffel-Klöße
63 Schupfnudeln
64 Grünkernküchle
65 Fellbacher Landfrauenfleckla
66 Zwiebelkuchen
67 Rutesheimer Rohstrugel
68 Saure Kutteln
69 Fleischkäse-Rouladen
70 Mostbraten
71 Lammrücken mit Fenchel

Nachspeisen

72 Kluompenkuchen
73 Dampfnudeln
74 Sagopudding
75 Traubenküchlein
76 Apfelkrapfen
77 Schneeballen mit Vanillesoße
78 Weincreme

Winter

Suppen und Vorspeisen

80 Alfdorfer Krautkräpfle
81 Käseklößchensuppe
82 Kartoffelsuppe
83 Geröstete Grießsuppe
84 Sauerkrautsuppe
85 Kartoffel-Hörnchen
86 Gefüllte Rote Beete
87 Pastete

Hauptspeisen

88 Linsenküchle
89 Mongärle
90 Wurstknöpfle
91 Gebackener Bierschinken (Heiligabend-Essen)
92 Gedünstetes Kalbsherz
93 Leberklöße
94 Rouladen »Hausfrauenart«
95 Kraichgauer Hackbraten
96 Überbackenes Kassler
97 Ziegenkeule im Römertopf
98 Wildgulasch

Nachspeisen

99 Grießschnitten
100 Ofenschlupfer
101 Arme Ritter
102 Schwarzbrot-Pudding
103 Winterliches Kompott
104 Lebkuchen-Schicht-Dessert
105 Amazonas-Becher

Präsidentinnenmenü

107 Hanauer Bollensuppe
108 Siedfleisch mit Meerrettichsoße
109 Überbackene Äpfel

Frühjahr

Remstäler Schneckensuppe

Zutaten: Eine halbe Zwiebel, 20 g Butter, 100 g Sellerie, 0,1 l trockener Weißwein, 1 Dutzend Schnecken (aus der Dose), 0, 25 l Sahne, 0,5 l Brühe, Salz, Petersilie und andere frische Kräuter

Die Zwiebel in kleine Würfel schneiden und anrösten. Den klein geschnittenen Sellerie dazugeben und mit dem Wein ablöschen. Dann die Brühe und die frische Sahne unterrühren. Die Suppe etwa 15 Minuten einkochen. Mit Salz und Gewürzen abschmecken, mit Butter binden und gehackte Kräuter dazugeben. Die Schnecken vierteln und in die Suppe geben. Sehr heiß in kleinen Tassen servieren!

Marianne Peine, Waiblingen

Tipp: Von Paris bis Budapest waren die »schwäbischen Austern« (so hießen Schnecken einst im Volksmund) jahrhundertelang als Delikatesse berühmt. Vor allem in den Weinbergen wurden die Tiere gesammelt. Heute gibt es in Baden-Württemberg nur noch ganz wenige Betriebe, die Schnecken züchten. Im Badischen ist es immer noch Brauch, sich am Aschermittwoch mit Schneckensuppe zu stärken.

Weintipp: ein Weißburgunder aus dem Remstal

Riebelessuppe

Zutaten: 2 Eier, 1 Eigelb, 250 g Mehl, 1,5 l Fleischbrühe, Salz

Aus den Eiern, dem Eigelb, dem Mehl und etwas Salz wird ein sehr fester Nudelteig hergestellt. Diesen Teig nun durch eine feine Raspel reiben. Die Riebele können auch noch durch ein Sieb geschüttelt werden, damit sie gleichmäßig fein werden. Die Riebele abtrocknen lassen und erst dann in die kochende Brühe geben. Streuen Sie zum Verfeinern gehackten Schnittlauch darüber.

Jutta Mahringer, Neresheim

Tipp: Die schwäbische Riebelessuppe wurde früher traditionell als Abendessen gereicht. Bei den Riebele handelt es sich um nichts weiter als Teigbrösel, die in der Suppe aufquellen. Der Begriff Riebele hat aber auch noch eine andere Bedeutung – so wird der Brotanschnitt bezeichnet.

Weintipp: ein badischer Rotgold oder ein Württemberger Schiller

Sauerampfersuppe

Zutaten: 250 g Sauerampfer, 30 g Fett, eine halbe Zwiebel, 40 g Mehl, 1,25 l Brühe, 2 EL Rahm, 1 Eigelb

Sauerampfer von den dicken Stielen befreien, gut waschen und klein schneiden. Das Fett zerlassen, die klein geschnittenen Zwiebeln leicht bräunen und das Mehl einrühren. Den Sauerampfer dazugeben und 5 Minuten durchdünsten. Mit der Brühe auffüllen und mit Rahm abschmecken. Die Suppe noch 10 Minuten sanft kochen, zum Schluss mit Eigelb legieren.
»Altbadische« Variante: mit Kracherle garnieren. Dazu werden 6 Scheiben Weißbrot in Würfel geschnitten und in Butter geröstet.

Hannelore Binder, Böhmenkirch
Elke Michel, Aalen

Tipp: Die Bedeutung einer Suppe legt uns Hannelore Binder in Gedichtform nahe: »Suppentopf und Soßenschüssel / sind in jedem Fall der Schlüssel / zu der Kochkunst Meisterschaft. / Wieviel Würze, Saft und Kräfte / sind in sie hineingeschafft, / dass die Mahlzeit köstlich schmeckt, / denn die kleinen Raffinessen / geben Appetit zu essen. / Suppen, die vorzüglich munden / und die Soße fein gebunden / machen jedes Hauptgericht / zum Gedicht!«

Weintipp: ein Württemberger Schiller

Lachspfannküchlein mit Crème fraîche

Zutaten: 100 g Mehl, 2 Eier, 0,1 l Milch, 3 EL Öl, 6 dünne Scheiben Räucherlauchs, 150 g Crème fraîche, 3 TL geriebener Meerrettich, Salz, Dill

Mehl, Eier, Milch, etwas Wasser und eine Prise Salz zu einem glatten Teig verrühren, zugedeckt 10 Minuten quellen lassen. Danach aus dem Teig ungefähr sechs Pfannküchlein ausbacken und diese erkalten lassen. Dill fein schneiden. Die Pfannküchlein mit einer Scheibe Lachs belegen und mit Crème fraîche bestreichen. Darauf ganz dünn den Meerrettich geben und mit Dill bestreuen. Den Pfannkuchen aufrollen und halbieren.

Claudia Seibold, Essingen
Marianne Hefler, Schwäbisch Hall

Tipp: Der Pfannkuchen ist eine klassische Eierspeise. Es gibt allerdings viele verschiedene Varianten, wie auch die Namensvielfalt verrät: Pfannkuchen heißen auch Crêpes, Palatschinken, Plinsen oder im schwäbischen ganz einfach Flädle. Typisch für Flädle: Der Mehlanteil ist höher als bei luftigen Eierkuchen.

Weintipp: ein feiner Riesling, auch als trockene Spätlese

Gemüsesülze

Zutaten: 1 Packung weiße Gelatine, 0,5 l Fleischbrühe, 1 EL Zitronensaft, einen halben TL Worcestersoße, etwas Essig, hart gekochte Eier, gekochte Erbsen und Karottenstückchen, sauer eingelegter Paprika, Champignons in Scheiben, Olivenstückchen, Salz, Pfeffer

Die Gelatine in die kochende Fleischbrühe einrühren, mit Zitronensaft, Worcestersoße, Salz und Pfeffer abschmecken. Förmchen mit ein wenig der Flüssigkeit ausgießen, dann Eier und Gemüse einfüllen und mit restlicher Flüssigkeit aufgießen. Die Sülze im Kühlschrank ganz fest werden lassen, dann kurz in heißes Wasser tauchen und auf einen Teller stürzen. Dazu passt geröstetes Toastbrot.

Renate Schach, Heidenheim an der Brenz

Tipp: Feine Sülzen werden mit fettarmer Brühe hergestellt, fette Flüssigkeit ergibt einen sehr trüben Aspik. Gießen Sie Fleischbrühe deshalb vorher durch ein Mulltuch oder schöpfen Sie das Fett vor der Verarbeitung zur Sülze mit einer Kelle ab!

Weintipp: Chardonnay oder Grauburgunder

Pißangeli mit Speck

Zutaten: 250 g junge Löwenzahnblätter (Pißangeli), 125 g durchwachsener Speck, 4 Eier, 2 Schalotten, 2 frisch gekochte Kartoffeln, 4 EL Weinessig, 4 EL Fleischbrühe, Salz, Pfeffer aus der Mühle

Die Löwenzahnblätter waschen und 10 Minuten in warmem Wasser liegen lassen. Den fein geschnittenen Speck knusprig braten. Die Eier wachsweich kochen, abschrecken, schälen und halbieren. Schalottenwürfel in restlichem Fett anbraten. Löwenzahn in eine Schüssel geben, Pellkartoffel zerdrücken und untermischen. Speckfett mit Essig und Fleischbrühe aufkochen, würzen und heiß über den Salat gießen, mischen. Mit Eiern und Speck garnieren.

Manfred Aporius, Staufen im Breisgau

Tipp: Löwenzahnblätter sind sehr vitaminreich. Damit der Salat nicht bitter schmeckt, werden sie in lauwarmes Wasser eingelegt. Je zarter und jünger der Löwenzahn ist, desto besser ist er. Ernten Sie Löwenzahn möglichst an Orten, an denen nicht gedüngt und gespritzt wird!

Weintipp: ein trockener Müller-Thurgau aus Baden oder ein Kerner aus Württemberg

Saure Kartoffelrädle

Zutaten: 1 kg Kartoffeln, 2,5 l Wasser, 2 Lorbeerblätter, 3 EL gekörnte Brühe, 40 g Schweineschmalz, 1 EL Mehl, 3 bis 5 EL Essig (nach Geschmack)

Die Kartoffeln schälen und in dünne Scheiben schneiden. Wasser, Lorbeerblätter und Brühpulver dazugeben und kochen. Wenn die Kartoffeln weich sind, Schweineschmalz in der Pfanne erhitzen, Mehl zugeben und daraus eine helle Mehlschwitze bereiten. Löschen Sie mit Wasser oder Brühe ab. Rühren Sie diese Soße dann unter die Kartoffeln. Die Kartoffelrädle werden mit Essig abgeschmeckt. Dazu werden Saitenwürstle, Lyoner oder Fleischwurst gegessen. Variante: Selbstgekochte Fleischbrühe verwenden!

Waltraud Bender, Sinsheim-Eschelbach
Theresia Axmann, Neresheim
Marie Schmitt, Heiligkreuzsteinach-Vorderheubach

Tipp: Sauer macht bekanntlich lustig und mit dem typischen »Arme-Leute-Essen« saure Kartoffelrädle hat die Hausfrau früher aus der Not eine Tugend gemacht. Zum einen konnten übrig gebliebene Kartoffeln verwendet werden, zum anderen gab man dem Gericht mit dem Essig eine besondere aromatische Note.

Weintipp: Schillerwein
oder ein junger, trockener Rosé aus Baden

Kartoffel-Cordon-bleu

Zutaten: 750 g mehlige, gekochte Kartoffeln vom Vortag, 100 g Mehl, 1 Ei, 4 Scheiben gekochter Schinken, 4 Scheiben Käse, Salz, Pfeffer, Muskat, Petersilie

Aus den Kartoffeln, dem Mehl, dem Ei und den Gewürzen einen Kartoffelteig herstellen, auswellen und in 16 Vierecke schneiden. Die Schinken- und Käsescheiben halbieren, 8 Vierecke damit belegen und mit den übrigen Teigscheiben abdecken. Drücken Sie die Ränder gut fest! Danach in Öl von beiden Seiten backen. Variante: den Teig in Paniermehl drücken!

Doris Heinzmann, Haberschlacht
Susanne Kludzuweit, Frankenhardt-Oberspeltach

Tipp: Was bedeutet eigentlich Cordon bleu? An einem »Cordon bleu«, einem blauen Band, wurde in Frankreich der Orden vom Heiligen Geist getragen. Später hielt der Begriff Einzug in die Küche: Gute Köche wurden mit Cordon bleu bezeichnet. Gourmets bezeichneten damit bald gute Gerichte und so kam wohl auch das gleichnamige Schnitzel Cordon bleu zu seinem Namen.

Weintipp: ein trockener Gutedel aus dem Markgräflerland

Maultaschen

Zutaten: Etwa 1,2 kg Nudelteig (vom Bäcker oder Fertigteig), 1 kg Hackfleisch, 1 kg Brät, 200 g Schinkenwurst, 6 alte Brötchen, 6 Eier, 300 g Spinat, 3 Bund Petersilie, 2 große Zwiebeln, Salz, Pfeffer, Majoran

Zwiebeln und Petersilie durch den Fleischwolf drehen, dann in Fett glasig dämpfen. Spinat, Wurst und Brötchen kommen ebenfalls in den Fleischwolf. Anschließend alle Zutaten mit Hackfleisch, Brät und Eiern gut mischen. Auf dem ausgerollten Nudelteig verteilen und Teig darüber schlagen, so dass sich Taschen ergeben. Ränder gut zusammendrücken, wenn man sie mit Eiweiß bestreicht, halten die Taschen besser zusammen. In kochendes Salzwasser geben, 10 Minuten ziehen lassen. Varianten: ohne Spinat und Hackfleisch, dafür mit Rauchfleisch! Oder: ohne Brät!

Hertha Pfau, Leutenbach
Fritz Ruoff, Leinfelden-Echterdingen
Karin Bauer, Bruchsal

Tipp: »En de kloinschte Täschle send oft die beschte Sächle«, sagt der Württemberger, wenn er über Maultaschen spricht. Den Ursprung der Maultasche vermutet man in Maulbronn: Dort sollen genussfreudige Mönche einen originellen Weg gefunden haben, Fleisch vor dem lieben Gott im Nudelteig zu verstecken. Der Volksmund nennt die Spezialität deshalb auch »Herrgottsbscheißerle«.

Quiche mit Hopfenspitzen

Zutaten: Mürbteig für eine Kuchenform, 2,5 kg Hopfenspitzen, 4 Eier, 1 Becher Sahne, 200 g Speck, 100 g geriebener Käse, Salz, Pfeffer, Muskat

Die Hopfenspitzen leicht abkochen, sieben und auf dem in der Backform ausgelegten Teig verteilen. Den gewürfelten Speck auslassen. Eier und Sahne gut mit den Gewürzen mischen, den Speck dazugeben. Auf den Teigboden geben, zum Schluss den Käse darüber streuen. Bei 200 Grad im Ofen etwa 30 Minuten backen.

Renée Leimacher, Katzenthal (Elsass)

Tipp: Hopfen schmeckt nicht nur im Bier gut: Als absolute Spezialität gelten die Frühjahrstriebe dieser Pflanze. Im Geschmack liegt Hopfen zwischen Spargel und Brokkoli. Das »Grüne Gold« wird in Baden-Württemberg rund um Tettnang angebaut.

Weintipp: ein trockener Auxerrois aus Südbaden

Hannas Fischsuppe vom Federsee-Waller

Zutaten: 1 kg Wallerfilet, 250 g Krabben, 80 g Karottenstreifen, 80 g Lauchringe, 2 EL Butter, 0,25 l Sahne, 0,25 l trockener Weißwein, 3 Eigelb, 1,5 l Fischfond, Knoblauch, Petersilie, Salz, Pfeffer, Zitronensaft, Safran, 1 Schuss Cognac

Das Gemüse in Butter andünsten, mit Wein ablöschen und mit Fischfond auffüllen. Die Brühe kurz aufkochen, Safran und gewürfeltes Fischfilet dazugeben, dann 5 Minuten ziehen lassen. Gekochte Krabben hinzufügen, nochmals 5 Minuten ziehen lassen. Mit Salz, Pfeffer und etwas Zitronensaft abschmecken. Eigelb mit Sahne und Petersilie verquirlen und die Suppe damit legieren. Dazu passen geröstete Brotscheiben mit Bärlauch-Paste.

Hanna Nuber, Dürnau

Tipp: Der Wels, auch Weller oder Waller genannt, ist ein feiner Speisefisch, der vorwiegend in moorigen Gewässern lebt. Im Federsee ist er noch häufig zu finden, er erreicht eine Länge von über zwei Metern. Und: Bedingt durch sein starkes Gerippe ist der Waller grätenfrei!

Weintipp: ein trockener Spätburgunder
oder ein kräftiger Grauburgunder aus dem Holzfass

Hochzeitsbratwurst mit Inges unschlagbarem Kartoffelsalat

Zutaten: 4 Kalbsbratwürste oder Hochzeitsbratwürste, Salatkartoffeln, 1 Zwiebel, Sonnenblumenöl, Weißwein-Essig, geräuchter Bauch, Fleischbrühe oder Spätzleswasser, Salz, Pfeffer, etwas Milch, Mehl und Butter

Die Salatkartoffeln werden gekocht, geschält und fein gerädelt. Hinzu kommen die klein gehackten Zwiebeln, Salz, Pfeffer, Öl und der Essig. Vermischen Sie den Salat gut und geben Sie dann heiße Fleischbrühe oder Spätzleswasser dazu, erneut gut mischen. Der Kartoffelsalat sollte gut »schlüpfrig« sein. Den Bauchspeck in feine Würfel schneiden, kross braten und zum Salat geben. Die Bratwürste werden in Milch und Mehl gewendet, mit einer Gabel eingestochen und in Butter goldbraun gebraten.

Inge Stoll, Stuttgart

Tipp: Inge Stoll und ihr Mann stammen aus dem Oberen Neckartal, aus Oberndorf und Epfendorf. Bis in die Sechzigerjahre gab es in den örtlichen Dorfgasthäusern Hochzeitsbratwurst mit Kartoffelsalat – für oft bis zu 80 Gäste! Die Bratwurst war aus Kalbsbrät und passte einmal um den Teller. Nur noch wenige Dorfmetzgereien stellen diese Wurst so her.

Weintipp: trockener Lemberger oder ein leichter Spätburgunder aus Baden

Schwabentopf

Zutaten: 4 kleine Scheiben Schweinefilet, 4 kleine Scheiben Kalbsfilet, 4 kleine Scheiben Rinderfilet, 60 g Butter, 0,3 l Sahne, 5 EL Tomatenmark, 1 Schuss Rotwein, geröstete Zwiebelringe, grob gehacktes Basilikum, Pfeffer aus der Mühle

Die Filets trockentupfen und mit Pfeffer würzen. Das Fleisch in 40 g heißer Butter anbraten und warmstellen. Sahne mit dem Tomatenmark verrühren, zu dem Fond in der Pfanne geben und einige Minuten kochen. Diese Soße mit einem Schuss Rotwein verfeinern. Richten Sie die Filets auf in Butter geschwenkten Spätzle an, geben Sie die Zwiebelringe darauf und gießen Sie die Soße darüber. Garniert wird mit Basilikum!

Katharina Ernst, Helmstadt-Bargen

Tipp: Schweinefilet ist ein besonders hochwertiges Fleisch, dass sich für feine Gerichte eignet. Fleisch vom Schwäbisch-Hällischen Landschwein ist besonders saftig. Diese Schweinerasse gibt es bereits seit 1820, als König Wilhelm I. der Landeszucht chinesische Maskenschweine zuführen ließ. Die Bauern im Hohenlohischen haben sich auf diese Rasse spezialisiert.

Weintipp: ein trockener Spätburgunder aus Baden oder ein Lemberger aus Württemberg

Fleischküchle

Zutaten: 500 g gemischtes Hackfleisch, 1 altes Brötchen, 1 Ei, 1 Zwiebel, 20 g gehackte Petersilie, Salz, Pfeffer, Hackbratengewürz, Kümmel, Semmelbrösel

Das Hackfleisch in eine Schüssel geben und mit dem in Wasser eingeweichten Brötchen zu einem Teig kneten. Die feingehackte Zwiebel, die Gewürze und die Petersilie zugeben. Das Ei untermengen, alles sehr gut durchkneten, bis eine teigige Masse entsteht. Küchle formen und in Semmelbrösel wenden. In einer Pfanne mit heißem Fett von beiden Seiten etwa 10 Minuten braten. Der Klassiker: Fleischküchle mit Kartoffelsalat!

Sonja Dambacher, Bad Waldsee

Tipp: Fleischküchle werden sie in Süddeutschland genannt, im hohen Norden heißen sie Frikadellen, Buletten oder Klopse. Nett klingt die schwedische Variante der Fleischküchle – dort heißen sie Köttbullar. Beachten Sie bei der Zubereitung: Sollte der Teig zu weich sein, etwas Semmelbrösel untermischen, damit er fest wird.

Weintipp: Trollinger oder Schwarzriesling

Weibertreu-Schnitzel

Zutaten: 4 Scheiben Schweinehals, 250 g Hackfleisch, Brät oder 1 Paar Bratwürste, 1 Ei, 1 gehackte Zwiebel, 1 altes Brötchen, Pilze, 2 Becher Creme fraiche, Käsescheiben, Salz, Pfeffer, Muskat, Paprikapulver, Öl

Die Halsscheiben mit den Gewürzen marinieren und einen Tag stehen lassen. Aus dem Hackfleisch, dem Brät, dem Ei, der Zwiebel und dem Brötchen einen Teig herstellen und auf die Schnitzel streichen. Die blättrig geschnittenen Pilze auf den Teig setzen und mit Creme fraiche bestreichen. Auf einem Backblech bei 200 Grad 40 bis 60 Minuten backen, den Käse in den letzten 5 Minuten auflegen.

Fritz Ungerer, Bad Friedrichshall

Tipp: Die treuen Weiber von Weinsberg, die 1140 ihre Männer vor der Hinrichtung retteten, indem sie ihre Angetrauten auf dem Rücken den Berg hinuntertrugen, nahmen lediglich den König beim Wort: Sie durften mitnehmen, was sie sich auf die Schultern laden konnten! Diese Begebenheit war offenbar Vorbild für dieses Gericht. Schließlich hat das Schnitzel ja auch allerhand auf dem Buckel!

Weintipp: ein kräftiger, trockener Trollinger-Lemberger aus dem Heilbronner Unterland

Nonnenfürzle

Zutaten: 500 g Mehl, 4 Eier, 100 g Rosinen, 30 g Hefe, 60 g Zucker, 0,25 l Milch, 60 g Butter, eine Prise Salz, Schale einer Zitrone

Alle Zutaten zu einem Hefeteig verarbeiten und etwa 40 Minuten bei Zimmertemperatur gehen lassen. Stechen Sie danach mit einem Teelöffel Teigstücke ab und backen Sie diese in heißem Fett goldbraun aus. Vorsicht: Spritzgefahr! Mit einem Schaumlöffel aus dem Fett nehmen und auf Küchenpapier abtropfen lassen. Die Nonnenfürzle können mit Puderzucker bestäubt werden.

Josefine Kalkhof, Maulbronn-Zaisersweiher

Tipp: Nonnenfürzle sind vor allem in der Fasnet sehr beliebt. Die Herkunftsgeschichte des Gebäcks ist nicht eindeutig geklärt, es stammt jedoch vom mittelhochdeutschen Begriff »Nunnekenfurt« ab. Was soviel heißt wie »von Nonnen am besten zubereitet«. Beim Essen eines Domherrn soll sich einst ein Feinschmecker das größte Stück gegriffen haben, mit den Worten: »Ich nehme das von der Oberin.«

Weintipp: eine Riesling Auslese

Apfelküchle

Zutaten: 4 große Äpfel, 100 g Mehl, 4 Eiweiß, 40 g Zucker, 0,1 l Bier, etwas Öl, Butterfett, 1 Prise Salz

Die Äpfel in Scheiben schneiden, mit Zucker bestreuen und ziehen lassen. Den Teig aus Mehl, Öl, Salz und Bier zubereiten, zuletzt den steifen Eischnee vorsichtig unterziehen. In diesen Teig taucht man die gezuckerten Apfelscheiben und bäckt sie in Butterfett knusprig braun. Die Küchle werden mit einer lauwarmen Vanillesauce serviert.

Berta Schwarzkopf, Ulm

Tipp: Schon in der Antike haben die Menschen Lebensmittel in Teig getaucht und in Fett ausgebacken. Wann genau das Apfelküchle erfunden wurde, ist aber nicht überliefert. Apfelküchle sind ganz besonders in der Fastnachtszeit ein Muss. Außerdem gehören sie zu jeder süddeutschen Kirchweih. Erst die richtigen Zutaten machen aus dem eher rustikalen Genuss ein edles Dessert. Köche aus Baden-Württemberg flambieren sie gerne mit Grand Marnier oder Rum.

Weintipp: ein halbtrockener lieblicher Muskateller oder Traminer

Süßer Reis

Zutaten: 1 Beutel Milchreis, 1 Päckchen Vanillezucker, 2 EL gehackte Mandeln, 1 Dose Mandarinen, 1 Becher Sahne, Zucker nach Geschmack

Reis nach Anleitung kochen. Den abgetropften und kalten Reis mit steif geschlagener Sahne mischen. Dann Mandeln, Vanillezucker, Mandarinen und etwas Mandarinensaft darunter heben. Auch Zucker je nach Geschmack dazugeben. Servieren Sie diesen Nachtisch gekühlt.

Marie Breitinger, Bibertal-Silheim

Tipp: Dieses schnelle und einfache Dessert hat ein Mann erfunden: Vor über 30 Jahren wurde der süße Reis von einem jungen Mann zu einer Landjugendfeier mitgebracht. Marie Breitinger fand daran so großen Gefallen, dass sie diesen Nachtisch noch heute ihrer Familie serviert. Der junge Mann wurde übrigens nicht Koch, er ist heute Bürgermeister.

Weintipp: eine Müller-Thurgau Auslese

Luftiger Scheiterhaufen oder Süßer Traum

Zutaten: 8 Schäumle (Baisers) vom Bäcker, ein Päckchen Vanillezucker, 4 Becher Sahne, ein Päckchen Sahnesteif, Obst je nach Saison (Erdbeeren und Himbeeren eignen sich sehr gut)

Die Schäumle in einer Tüte grob zerdrücken (nicht draufsitzen!). Eine Auflauf-Form mit einer dünnen Schicht Sahne ausstreichen und dann die Hälfte der zerdrückten Schäumle darauf verteilen. Die steifgeschlagene Sahne, die klein geschnittenen Früchte, wie Erdbeeren, Himbeeren, Pfirsiche oder Aprikosen und die restliche Schäumle-Brösel mischen, in der Form verteilen und kalt stellen – mindestens 5 Stunden. Variante: Das Obst kann auch separat geschichtet werden.

Helga Keller, Pforzheim
Rosemarie Honigmann, Viernheim
Hilde Bloss, Vaihingen an der Enz

Tipp: Schäumle oder Schaumbrötchen sind mit den französischen Baisers (bedeutet Kuss) identisch. Schäumle bestehen aus Eischnee und Zucker, die Masse wird bei wenig Hitze im Backofen getrocknet. Bekannt ist die Spezialität auch als Meringue: Die kalorienreiche Köstlichkeit soll nämlich um 1600 zum ersten Mal in Meiringen im Berner Oberland hergestellt worden sein.

Weintipp: eine Kerner Spätlese

Joghurt-Creme »Fürst-Pückler-Art«

Zutaten: 2 Becher Naturjoghurt, 80 g Zucker, 1 Päckchen Vanillezucker, Saft einer halben Zitrone, 0,25 l Milch, 6 Blatt Gelatine, 0,25 l Schlagsahne, 2 EL Kakao, 100 g Himbeeren

Gelatine kalt einweichen. Joghurt, Milch, Zucker, Vanillezucker und Zitronensaft schaumig rühren. Gelatine in warmem Wasser auflösen, unter die Joghurtmasse geben, kaltstellen. Sobald die Creme fest wird, steifgeschlagene Sahne unterheben und die Masse in Drittel aufteilen. Das erste Drittel in eine Schüssel füllen. Unter das zweite Drittel 2 gestrichene Esslöffel Kakao rühren und vorsichtig auf die weiße Schicht laufen lassen. Unter das letzte Drittel 100 g zerdrückte Himbeeren geben und auf der Schokocreme verteilen. Die Fürst-Pückler-Creme im Kühlschrank steif werden lassen.

Inge Riß, Bad Wurzach

Tipp: Weiß-schwarz-rot – Fürst Pückler-Muskau ließ sich einst von seinem Mundkoch sein Lieblingseis so herstellen. Fürst-Pückler-Art als Zusatz bei einem Dessert lässt also immer auf Dreifarbigkeit schließen.

Weintipp: eine Kerner Auslese

Schokocreme aus Mohrenköpfen

Zutaten: 250 g Sahnequark, 1 Päckchen Schokoladen-Puddingpulver, 2 EL Zucker, 0,5 l Milch, 8 große Mohrenköpfe, 2 EL Sahne

Der Quark wird glatt gerührt (notfalls mit etwas Milch), das Puddingpulver mit Zucker und kalter Milch anrühren. Die übrige Milch erhitzen und das Pudding-Gemisch einrühren und aufkochen. Von den Mohrenköpfen die Waffeln ablösen, die Schaummasse unter den Pudding heben. Erkalten lassen und schließlich noch den Quark unterrühren. Mit Zucker eventuell nachsüßen und mit Sahne verfeinern. Die Mohrenköpfe zum Verzieren nehmen.

Hildegard Volk, Villingen-Schwenningen

Tipp: Vermutlich waren es die Franzosen, die um die Jahrhundertwende die ersten Mohrenköpfe hergestellt haben. In Deutschland wird der Name erstmals 1892 erwähnt. Anfang des 20. Jahrhunderts wurden Mohrenköpfe von Konditoren in Handarbeit gefertigt. Inzwischen gibt es bundesweit über 70 Hersteller für diese Schleckerei, die hauptsächlich aus Eiweißschaum besteht. Die Deutschen essen pro Jahr laut Statistik eine Milliarde Mohrenköpfe!

Weintipp: eine Riesling Trockenbeerenauslese

Sommer

Kräuterflädle als Suppeneinlage

Zutaten: 150 g Mehl, 50 g Vollkornhaferflocken, 3 Eier, 0,3 l Mineralwasser, 75 g geriebener Käse, Backfett, 1,5 l Fleischbrühe, Salz, gehackte Kräuter wie Schnittlauch, Petersilie, Maggikraut

Eier, Salz – etwa ein Viertel Teelöffel – Mehl, Haferflocken und Mineralwasser zu einem dickflüssigen Teig verarbeiten. Diesen Teig eine halbe Stunde im Kühlschrank quellen lassen. Dann die Kräuter und den Käse untermengen. Fett in der Pfanne erhitzen, einen Schöpflöffel Teig eingießen und Flädle backen. Die Flädle auskühlen lassen, in Streifen schneiden und in die heiße Brühe geben. Nicht mehr kochen!

Gerda Stecker, Ruppertshofen

Tipp: »Flädle« ist die schwäbische Bezeichnung für Pfannkuchen. Richtige Flädle sind so dünn, dass man beinahe hindurchsehen kann. Flädlesuppe war früher ein Resteessen. Was am Vortag an Flädle übrig war, landete einfach in der Brühe. Flädle lassen sich gut einfrieren. So kann man größere Mengen auf Vorrat halten und hat später eine schnelle Suppeneinlage zur Hand.

Weintipp: Müller-Thurgau, Schiller oder Auxerrois

Buttermilchsuppe

Zutaten: 1 l Buttermilch, 3 EL Mehl, 300 g Kartoffeln, 100 g Speck, 1 Zwiebel, Salz, Pfeffer, Muskat

Die Buttermilch mit dem Mehl verquirlen und aufkochen. 300 g Kartoffeln, geschält und in Würfel geschnitten, kochen. Nach dem Abseihen in die Suppe geben. Rösten Sie den klein geschnittenen Speck mit der gehackten Zwiebel und gießen Sie dies über die Suppe. Gewürzt wird die Buttermilchsuppe mit Salz, Pfeffer und Muskat.

Hermine Boy, Bühlertann

Tipp: Die Kunst des Kochens ist gar nicht so fern von den anderen Künsten des Lebens, schreibt Hermine Boy. »Bitte gehen Sie mit diesem Wissen an das Kochen heran: Die Liebe, die Sie auf das Kochen verwenden, kommt zu Ihnen zurück, aus dem wohlschmeckenden Essen, aus den glücklichen Gesichtern Ihrer Lieben und Ihrer eigenen Zufriedenheit.« Eine schöne Koch-Philosophie!

Eierstichsuppe

Zutaten: 3 Eier, 8 EL Milch, Salz, 1 l Fleisch- oder Gemüsebrühe, Salz, Pfeffer, Muskat, Suppengewürz

Eier, Milch und Gewürze mit einem Rührgerät auf niedriger Stufe schlagen. Die Masse dann in einen Gefrierbeutel einfüllen und gut verschweißen. Alternative dazu: Verwenden Sie sehr hohe Tassen. In leicht kochendem Wasser (Wasserbad) etwa 15 Minuten kochen. Die Masse muss fest werden. Nehmen Sie den fertigen Eierstich aus dem Beutel und schneiden Sie ihn in kleine Rechtecke. In heißer Brühe servieren. Eierstich gehört unter anderem auch als Einlage in die so genannte »Hochzeitssuppe«!

Gertrud Ammon, Sulzbach-Laufen
Gerda Bitrich, Stuttgart
Rita Kuttruff, Löffingen

Tipp: Eierstich gehört zu den beliebtesten Suppeneinlagen. Entscheidend ist, dass Sie das Wasser während des Garens nicht kochen, sondern nur leicht köcheln lassen. Bei zu heftigem Kochen wird der Eierstich nämlich nicht feinporig, sondern richtig löchrig. Übrigens: Schon Katarina von Medici soll von Consommé mit Eierstich geschwärmt haben!

Weintipp: Müller-Thurgau oder Rivaner

Grillschinken mit Kirschsoße

Zutaten: 400 g entsteinte Kirschen, 0,25 l Rotwein, 1 EL Zucker, 1 EL Speisestärke, 4 fingerdicke Scheiben gekochter Schinken, 1 Stange Zimt, 1 Nelke, Ingwerpulver

Die Kirschen mit dem Rotwein, den Gewürzen und dem Zucker dünsten. Die Speisestärke wird mit etwas Wasser angerührt, zu den Kirschen gegeben und aufgekocht. Die Schinkenscheiben werden gegrillt und anschließend mit der Kirschsoße serviert.

Rosemarie Rieker, Neidlingen

Tipp: Mit über 20 000 Kirschbäumen ist der Ruhm Neidlingens als eine der größten Kirschanbaugemeinden bis heute erhalten geblieben. Deshalb hat Rosemarie Rieker zusammen mit den dortigen Landfrauen das »Neidlinger Kirschbüchle« herausgegeben, eine Rezeptsammlung mit Geschichten, Gedichten und Liedern rund um die Kirsche.

Weintipp: Schwarzriesling oder Spätburgunder

Spargelcocktail

Zutaten: 500 g gekochter Spargel, 100 g gekochter Schinken, 2 hart gekochte Eier, 2 Scheiben Ananas, 2 EL Mayonnaise, 6 EL Sauerrahm, 2 TL Tomatenketchup, Salz, Pfeffer, Zucker, Petersilie, Cocktail-Tomaten zum Garnieren

Den Spargel in etwa drei Zentimeter lange Stücke schneiden, den Schinken würfeln. Die hart gekochten Eier werden ebenfalls grob gehackt, ebenso die Ananasscheiben. Stellen Sie aus Mayonnaise, Sauerrahm und Ketchup eine Soße her, die mit Salz, Pfeffer und Zucker gewürzt wird. Spargel, Schinken, Eier und Ananas mit der Tunke gut vermischen und kalt stellen. In Gläsern servieren und mit den Tomaten und Petersilie garnieren.

Marianne Kunz, Durbach

Tipp: Gut 6500 Tonnen Spargel werden im Durchschnitt in Baden-Württemberg geerntet. Am Oberrhein gibt es die meisten Spargelfelder. Das Stechen des königlichen Gemüses wird nach wie vor in mühevoller Handarbeit ausgeführt, deshalb sind die Stangen auch nicht ganz billig. Dennoch sagt der Volksmund: »Bis Johanni nicht vergessen, sieben Wochen Spargel essen.«

Weintipp: Silvaner oder Grauburgunder

Eebiragschmorgel (Kartoffelkaiserschmarrn)

Zutaten: 100 g feines Mehl, 0,1 l Milch, 0,1 l Wasser, 3 Eier, 4 gekochte Kartoffeln, Butterschmalz, Salz

Aus Mehl, Milch, Wasser, Eiern und etwas Salz einen Pfannkuchenteig herstellen. Drücken sie dann die gekochten Kartoffeln durch eine Presse und geben sie die Masse unter den Teig. In einer großen Pfanne Butterschmalz erhitzen und etwa 1 Zentimeter dick Teig einschütten. Ganz kurz braten, bis die Masse unten leicht gebräunt ist. Danach mit zwei Pfannenwendern den Pfannkuchen zerreißen, wie beim Kaiserschmarrn, und von allen Seiten anbraten. Dazu passt Salat.

Adelheid Andruschkewitsch, Vellberg

Tipp: Das Rezept stammt aus Hohenlohe. Früher gab es dieses einfache Gericht häufig während der Erntezeit, weil die Bauersfrauen nicht viel Zeit zum Kochen hatten. Den Gschmorgel oder Schmarrn sollten Sie nicht in der Pfanne schneiden, sondern richtig zerreißen, damit ungleichmäßige Stücke entstehen.

Weintipp: ein trockener Kerner aus Württemberg

Hefeknöpfle (nach Großmutter Eva)

Zutaten: 500 g Mehl, 0,25 l Milch, 20 g Hefe, 1 Ei, 1 Paar Landjäger, Salz, Butter zum Schmälzen der fertigen Knöpfle

Mehl, Milch, Hefe, Ei und Salz zu einem nicht allzu festen Hefeteig verarbeiten und diesen gut »gehen« lassen. Klein geschnittene Landjägerwürfel druntermischen. Anschließend mit einem Suppenlöffel Knöpfle formen, auf ein Backblech setzen und nochmals 20 Minuten warmstellen. Danach die Knöpfle in kochendes Salzwasser legen und 12 Minuten köcheln lassen. Rausnehmen und anschließend mit zerlassener Butter schmälzen. Varianten: Servieren Sie dazu Rahmsauerkraut oder auch Gemüse aus Bohnenkernen!

Horst Haarer, Illingen
Alfred Rohleder, Neckarbischofsheim
Esther Haas, Süßen

Tipp: Hefeknöpfle sind eine typische Beilage aus Baden-Württemberg. Wichtig ist, dass die Hefeklößchen in einem großen Topf schwimmen, da sie viel Platz brauchen, um richtig locker zu bleiben. Zum Anrichten werden Hefeknöpfle gerne mit einem Bindfaden in Teile geschnitten – damit sie die Soße besser aufsaugen.

Weintipp: ein trockener Chardonnay aus Baden

Ahnes Leibgericht – Bachene Fille

Zutaten: 500 g Bauernbrot (2 bis 3 Tage alt), 200 g geräuchte Schinkenwurst oder 1 Paar geräuchte Bratwürste, 2 Zwiebeln, 3 Eier, Salz, Pfeffer, Majoran, Petersilie

Das trockene Brot wird in Scheiben geschnitten, in Wasser eingeweicht und dann gut ausgedrückt. Die Schinken- oder Bratwurst in Würfel schneiden, die Zwiebeln klein hacken. Brot, Zwiebeln, Wurst, Gewürze und die Eier werden gut untereinander gemischt, bis ein weicher Teig entsteht. Diese Masse braten Sie in einer großen Pfanne gut an, sie sollte schön knusprig werden. Dabei öfter mal umdrehen!

Dorothee Wacker, Wildberg

Tipp: Schnell, billig und lecker, schreibt Dorothee Wacker über ihr Lieblingsgericht. Bachene Fille heißt, es handelt sich um eine gebackene Füllung. Mit dieser Brotmasse wird auch bevorzugt Geflügel gefüllt und dann als Beilage zum Fleisch serviert!

Weintipp: ein halbtrockener Riesling aus Württemberg

Zibeben-Sause

Zutaten: 1 EL Mehl, 60 g Butter, 1 l Rotwein, 90 g Zibeben (Rosinen) und Zucker nach Geschmack (etwa 125 g)

Aus der Butter und dem Mehl eine gelbliche Mehlschwitze zubereiten, diese mit Rotwein ablöschen und glatt rühren. Zibeben und Zucker zugeben und die Soße etwa 10 Minuten kochen lassen. Die Zibeben-Sause schmeckt gut zu gebratenem Fleisch, zu herzhaftem Brotpudding und zu Mehlspeisen, die in Fett gebacken wurden.

Elli Stopper, Rottenburg am Neckar
Hilde Bühler, Oppenweiler

Tipp: Das Rezept stammt aus dem »Praktischen Kochbuch für die gewöhnliche und feinere Küche« von Henriette Davidis (Erstauflage 1845). Die Autorin hielt die Hausfrauen damals nicht nur zur Reinlichkeit sondern auch zur Sparsamkeit an: Sie rechnete aus, dass ein Menü für sechs Personen bestehend aus Gemüsesuppe, Grießschnitten und Schwarzwurzeln rund 170 Pfennig kostet, pro Kopf also gut 28.

Weintipp: ein kräftiger Portugieser aus Rottenburg

Spinatpudding

Zutaten: 6 Brötchen, 1 EL Grieß, 2 EL Mehl, 1 Tasse Milch, 5 Eier, 400 g gehackter oder pürierter Spinat, Salz, Suppenwürze, Petersilie

Die Brötchen werden in Würfel geschnitten, dann kommen Grieß, Mehl, Gewürze und Petersilie dazu. Erhitzen Sie die Milch und geben sie diese über die Mischung. Zum Schluss Eier und Spinat gut untermengen. Sollte der Teig sehr weich sein, geben sie noch etwas Semmelbrösel dazu. Die Masse dann in eine gut gefettete und mit Semmelbröseln bestreute Form geben und im Wasserbad etwa eine Stunde lang kochen. Bevor Sie den Pudding aus der Form stürzen, prüfen Sie mit einem Holzstäbchen, ob er auch gar ist!

Maria Funk, Abtsgmünd

Tipp: Der Begriff »Pudding« wurde im 18. Jahrhundert aus dem englischen Sprachraum übernommen; damit wurde eine runde, knödelartige Form bezeichnet. Brot war die Basis dieses Puddings, hinzu kamen Gemüse und Fleischreste.

Felchenfilet Konstanzer Art

Zutaten: 400 g Felchenfilet, 1 Zwiebel, Champignons (frisch oder aus der Dose), eine halbe Zitrone, 0,25 trockener Weißwein, 1 Eigelb, 0,1 l Rahm, 1 EL Butter, Salz

Butter in eine feuerfeste Form geben und darin die fein gehackte Zwiebel leicht andünsten. Geben Sie die Felchenfilets hinein und legen Sie die geschnittenen Pilze obendrauf. Mit Salz, Zitronensaft und Wein würzen. Bedecken Sie die Form mit Alufolie und dämpfen Sie den Fisch 10 Minuten bei 200 Grad im Ofen. Aus dem entstandenen Fischfond wird mit Eigelb und Sahne eine helle Soße bereitet und zum Fisch gereicht.

Gerhard Schleibinger, Konstanz

Tipp: Felchen sind Süßwasserfische aus der Familie der Forellenfische. Im Bodensee leben die Felchen erst seit Anfang des 20. Jahrhunderts. Damals wurden sie aus anderen Seen dorthin gebracht. Inzwischen ist der Bodensee das wichtigste Gebiet für den Felchenfang, wobei zwei Drittel des Fanges direkt an die Bodensee-Gastronomie gehen.

Weintipp: ein trockener Müller-Thurgau vom See

Saure Zipfel

Zutaten: 500 g kleine Rostbratwürste, 250 g kleine Saitenwürstle, 4 Zwiebeln, 1 Karotte, 1 l Salzwasser, 4 EL Essig, 1 TL Zucker, 2 Lorbeerblätter, 10 Pfefferkörner, 5 Wacholderbeeren, 0,25 l Weißwein

Zwiebeln schälen und in feine Ringe schneiden. Karotten ebenfalls schälen und in kleine Ecken würfeln. Salzwasser aufkochen, Gemüse, Zucker und Gewürze dazugeben und eine halbe Stunde kochen. In diesen Sud die Würste und den Wein geben. Wichtig: Nicht mehr kochen! Etwa 10 Minuten ziehen lassen. Die sauren Zipfel werden mit Sud serviert, nachdem Wacholderbeeren und Lorbeerblätter entfernt worden sind.

Kerstin Zander-Schuster, Böbingen an der Rems

Tipp: Saure Zipfel werden auch blaue Zipfel genannt und stammen aus dem fränkischen Raum. Durch das Köcheln im Wurzelsud bekommen die Würste einen leicht bläulichen Schimmer, daher der Beiname. Das A und O bei der Zubereitung ist, dass die Würste nicht mehr aufkochen, sonst platzen sie.

Weintipp: ein trockener Silvaner aus dem Gebiet um Kocher, Jagst und Tauber

Nudeleintopf

Zutaten: 200 g geräuchter Bauchspeck, 500 g Hackfleisch (Rind), 3 Zwiebeln, 300 g enthäutete Tomaten, je eine Paprika grün, rot und gelb, 300 g breite Nudeln, 0,75 l Gemüsebrühe, 1 Bund Petersilie

Gewürfelter Bauchspeck, Hackfleisch und gehackte Zwiebeln der Reihe nach anbraten. Alles lagenweise in einen hohen Topf schichten, nicht mischen! Darauf Tomatenwürfel, dann den Paprika und die ungekochten Nudeln darüberschichten. Mit der warmen Brühe übergießen, nicht umrühren. Etwa 30 Minuten mit geschlossenem Deckel garen und zum Schluss mit der frischen Petersilie bestreuen. Der Eintopf wird nicht umgerührt, jeder sticht sich durch alle Lagen bis zum Boden durch.

Helga Meyle, Neckarwestheim

Tipp: Früher galt der Eintopf als Resteessen, die Hausfrau packte alles, was die Küche hergab, in einen Topf. Wer knapp bei Kasse war, redete sich ein, dass das bunte Allerlei auch noch nach drei Tagen aufgewärmt wohlschmeckend war. Heute gilt jedoch die Eintopf-Devise – nichts verkochen lassen, immer schön knackig bleiben!

Weintipp: ein trockener oder halbtrockener Schwarzriesling

Bunter Truthahn

Zutaten: 600 g Putenflügel, 1 Zwiebel, 1 Lorbeerblatt, 1 Kohlrabi, 1 Stange Lauch, 2 Möhren, 100 g Blumenkohl, 100 g Eiermuschelnudeln, Salz, Pfeffer, Muskat, Petersilie

Die Putenflügel werden gut mit kaltem Wasser bedeckt und dann aufgekocht. Die Zwiebel, das Lorbeerblatt, Salz und Pfeffer dazugeben und das Ganze 60 Minuten kochen lassen. Anschließend die Flügel herausnehmen und das zerkleinerte Gemüse und die Nudeln in der Brühe fertig kochen. Das Fleisch von den Flügeln auslösen, klein schneiden und mit in den Topf geben.

Anna Bosch, Geislingen an der Steige

Tipp: »Der Vogel, der in jedem Stück sein Bestes gibt« – das ist der Truthahn, die Pute, fügt Anna Bosch ihrem Rezept hinzu. In der Tat: Putenfleisch wird immer beliebter. Deshalb hat auch die Putenzucht in Baden-Württemberg deutlich zugenommen. 1970 gab es lediglich 60 000 Tiere, im Jahr 2001 waren es schon 805 000.

Weintipp: ein halbtrockener Weißburgunder

Saurer Rindfleischtopf

Zutaten: 1 kg Rindfleisch (Brustkern), 8 Karotten, 10 Kartoffeln, Zwiebeln, Mehl, Butter, Fleischbrühe, Essig, Salz

Sieden Sie das Fleischstück in Salzwasser bissfest. Die geschälten Kartoffeln in Stücke und die Karotten in Scheiben schneiden und ebenfalls weich kochen. Aus Butter, Zwiebeln und Mehl wird eine Anbrenne hergestellt, mit Fleischbrühe abgelöscht und mit Essig und Salz abgeschmeckt. Das Fleisch schneiden Sie in große Würfel und geben es gemeinsam mit dem Gemüse in die Soße. Kurz aufkochen, fertig!

Luciana Zisterer, Gosheim

Tipp: Das Fleisch des Hinterwälder Rinds ist besonders zart und schmackhaft. Die Rasse wird erstmals im Jahr 1829 erwähnt und ist als der besonders ursprünglich erhaltene Teil des badischen Landviehs anzusehen. Die Zucht der Hinterwälder Rinder konzentriert sich auf ein begrenztes Gebiet im südlichen Schwarzwald, zwischen Feldberg und Belchen. Heute werden in der Bundesrepublik noch etwa 3000 Hinterwälderkühe gehalten, 2400 davon im Schwarzwald in 280 bäuerlichen Betrieben.

Weintipp: ein halbtrockener Gutedel

Ritterschmaus

Zutaten: 1 kg Kartoffeln, 2 kg rohe Schälrippchen, 500 g Zwiebeln, 0,75 l Fleischbrühe, Salz, Pfeffer, Paprikapulver

Die Fleischbrühe in ein tiefes Backblech gießen. Die Kartoffeln schälen, in Scheiben schneiden und in die Brühe einlegen. Zwiebeln ebenfalls schälen, in Ringe schneiden und auf den Kartoffeln verteilen. Die Schälrippchen mit Salz, Pfeffer und Paprika einreiben, kräftig würzen und auf die anderen Zutaten legen. Im Backofen 90 Minuten bei 220 Grad backen. Die Schälrippchen nach etwa 45 Minuten wenden. Den Ritterschmaus rustikal auf dem Backblech servieren. Dazu passt Weizenbier.

Michael Kraft, Eberhardzell

Tipp: Das erfrischende Weizenbier ist ein klassisches Sommergetränk. In Baden-Württemberg wird am allerliebsten Pils getrunken, gefolgt von Weizen und Export. Weizenbier ist ein obergäriges Bier, das heißt, der Gärprozess findet bei 15 bis 20 Grad Celsius statt. Die ideale Trinktemperatur von Bieren liegt jedoch bei gut sieben Grad.

Holunderblütencreme

Zutaten: 150 ml Holunderblütensirup, 50 ml Weißwein, 6 Blatt Gelatine, 100 ml süße Sahne

Die Gelatine wird in kaltem Wasser etwa 10 Minuten eingeweicht, dann ausgedrückt und in einem Esslöffel Weißwein leicht erwärmt, bis sie vollständig aufgelöst ist. Den Holunderblütensirup mit dem restlichen Wein mischen und in die aufgelöste Gelatine einrühren. Die Creme danach kalt stellen.
Die Sahne wird steifgeschlagen und unter die Masse gehoben, bevor diese zu gelieren beginnt. Dann mindestens noch 2 Stunden kalt stellen.

Helga Hummel, Fellbach

Tipp: Sammeln Sie Holunderblüten ab Mitte Mai, die Büsche stehen an Feldwegen oder in Parks. Die Blüten mit Scheiben von ungespritzten Zitronen, Zucker und Vitamin C (Ascorbinsäure) in Wasser ziehen lassen, nach zwei Tagen aufkochen und durch ein Tuch sieben. Der Sirup hilft auch bei Grippe oder Fieber.

Weintipp: eine Müller-Thurgau Auslese

Sauerkirsch-Quarkcreme

Zutaten: 500 g Sauerkirschen, 250 g Quark, 0,5 l Milch, 2 EL Speisestärke, 1 Päckchen Vanillezucker, 2 Eigelb, 2 Eiweiß, 2 EL Zucker

Die Sauerkirschen waschen und entsteinen, die Hälfte davon im eigenen Saft verkochen. Aus der Milch, der Speisestärke, dem Zucker, dem Vanillezucker und dem Eigelb eine Vanillecreme herstellen. Kurz aufkochen lassen, dann den Quark und die gekochten Kirschen dazugeben. Diese Masse einmal aufkochen. Den steif geschlagenen Eischnee unterheben. Diese Creme wird schließlich über die restlichen Kirschen in eine Schüssel gegossen und über Nacht im Kühlschrank kalt gestellt.

Lieselotte Rauleder, Winnenden

Tipp: Hauptanbaugebiet für Sauerkirschen in Baden-Württemberg ist der Oberrhein. Aus dieser Region stammen fast 40 Prozent der Kirschen aus dem Land. Sauerkirschen eignen sich besser zur Marmeladeherstellung als Süßkirschen, sie enthalten nämlich mehr Pektin und gelieren deshalb gut.

Weintipp: eine Scheurebe Auslese

Zwetschgen-Grütze

Zutaten: 1,5 kg Zwetschgen, 0,75 l Wasser, 200 g Zucker, 1 Päckchen Vanillezucker, 1 Stange Zimt, 70 g Speisestärke, 3 Schnapsgläser Zwetschgenwasser

Die Zwetschgen waschen, halbieren und entkernen. Wasser mit Zucker, Vanillezucker und Zimt zum Kochen bringen, dann die Zwetschgen dazugeben und 5 Minuten ziehen lassen. Die Speisestärke mit dem Zwetschgenwasser verrühren und zu den Zwetschgen geben. Die Grütze einmal aufkochen lassen und in eine große Schüssel füllen. Mindestens 4 Stunden kühlen. Dazu schmeckt Sahne oder Vanilleeis.

Irmgard Kropf, Deitenheim

Tipp: Die Region um Bühl in Baden ist heute noch das größte Zwetschgenanbaugebiet in Deutschland. Dort stehen mehr als eine Million Zwetschgenbäume; bei der Mehrzahl davon handelt es sich um die »Bühler Frühzwetschge«. Man entdeckte diese Zwetschgensorte 1840 in Kappelwindeck in einem Obstgarten. Sie ist besonders groß und sie lässt sich zudem auch noch gut lagern.

Weintipp: eine Lemberger Beerenauslese vom Heuchelberg oder eine Spätburgunder Beerenauslese aus Baden

Quarkspeise mit Honig

Zutaten: 250 g Magerquark, 100 g Waldhonig, 250 g Sahne, 30 g Walnusskerne, 100 g Heidelbeeren (frisch oder tiefgefroren)

Den Quark mit dem Honig gut verrühren. Die Sahne steif schlagen und unter die Quarkmasse heben. Die Walnusskerne hacken und zusammen mit den Beeren unter den süßen Quark heben.

Gaby Gailing, Obersulm-Eschenau

Tipp: Hätten Sie es gedacht? Jedes fünfte Bienenvolk in Deutschland steht in Baden-Württemberg. 17 000 Imker betreuen 170 000 Bienenvölker. So viel zur Statistik. Bienen erzeugen nicht nur Honig, sie erhalten auch die Wildflora. Die Imker aus dem Land vermarkten ihre Produkte meist direkt, der Pro-Kopf-Verzehr beträgt übrigens 1,3 Kilo.

Weintipp: eine Riesling Beerenauslese

Dumm und dämlich

Zutaten: 1 Glas Sauerkirschen, 1 Päckchen roter Tortenguss, 250 g Quark, 9 Päckchen Vanillezucker, 2 Becher Schmand, 2 Becher Sahne, zum Verzieren Eierlikör und Schokostreusel

Den Sauerkirschsaft mit dem roten Tortenguss aufkochen und die Kirschen dazugeben. Abkühlen lassen. Quark, Vanillezucker und Schmand gut verrühren und die steif geschlagene Sahne unterheben. Diese Masse über die Kirschen geben und kalt stellen. Vor dem Servieren mit Eierlikör und Schokostreusel garnieren (für Kinder natürlich nur Schokostreusel!) Variante: Schüssel vorher mit Löffelbisquits auslegen.

Hilde Fuchs, Kaisersbach
Ilona Betz, Althütte
Rita Huber, Waiblingen

Tipp: Wieso heißt ein Dessert »dumm und dämlich«? Darüber lässt sich trefflich spekulieren: Umgangssprachlich ist die Rede von »sich dumm und dämlich« verdienen, was bedeutet, dass jemand mit wenig Arbeit zu viel Geld kommt. Auf das Dessert übertragen könnte es bedeuten: Es macht wenig Arbeit, schmeckt dafür aber umso besser.

Weintipp: eine Spätburgunder Auslese

Zitronencreme

Zutaten: 500 ml Wasser, 2 EL Speisestärke (Kartoffelmehl), 4 Eigelb, 4 Eiweiß, Saft von zwei Zitronen, abgeriebene Zitronenschale, 3 EL Zucker, Vanillezucker

Erst 250 ml Wasser, Zucker, Zitronensaft und die Zitronenschale aufkochen. In der Zwischenzeit 250 ml Wasser, 4 Eigelb und die Speisestärke verrühren, damit es später keine Klümpchen gibt. Das Ganze unter Rühren in die kochende Flüssigkeit geben. So lange rühren bis die Creme dick wird. Danach im kalten Wasserbad abkühlen. Eiweiß mit Vanillezucker steif schlagen und nach dem Erkalten der Creme langsam unterheben. Variante: zusätzlich steifgeschlagene Sahne unter die Masse geben.

Helga Klatt, Esslingen am Neckar
Ingrid Deitigsmann, Stachenhausen

Tipp: »Die ganze Familie ist begeistert von diesem Nachtisch«, schreibt Helga Klatt, die das Rezept von ihrer Mutter hat. Als Getränk zu diesem klassischen und zu Unrecht aus der Mode gekommenen Dessert passt am besten ein trockener Winzersekt, der vorzüglich mit der leicht säuerlichen Creme harmoniert.

Pfitzauf

Zutaten: 250 g Mehl, 0,5 l Milch, 4 Eier, 50 g Butter, Butter für die Form,1 TL Salz, Zucker zum Bestreuen

Die Milch, die Eier und das Salz werden miteinander verrührt, nach und nach kommt das Mehl dazu. Schön glatt rühren, der Teig muss geschmeidig sein. Zum Schluss mengen Sie die zerlassene Butter unter. Buttern Sie die Pfitzauf-Form gut aus und füllen Sie den Teig in die vorgesehenen Mulden. 45 Minuten bei gut 200 Grad backen. Der Teig steigt gewaltig, er »pfitzt« auf. Die Backofentür nicht vor Ende der Backzeit öffnen.

Helga Holzwarth, Murrhardt
Elke Kerl, Künzelsau-Amrichshausen

Tipp: Pfitzauf ist ein luftiges Eiergebäck, das in speziellen Pfitzauf-Formen aus glasiertem Ton gebacken wird. Alternativ können auch Tassen als Backformen verwendet werden. Besonders traditionsbewusste Baden-Württemberger verwenden nur die innerhalb der Familie vererbten Pfitzauf-Formen. Nur wer wirklich frische Eier für die Zubereitung verwendet, kann erwarten, dass das Backwerk auch gelingt.

Weintipp: eine Kerner Spätlese

Herbst

Kürbiscremesuppe

Zutaten: 600 g Kürbis, 2 Kartoffeln, 1 l Brühe, 1 Zwiebel, Speck, Crème fraîche, Brot, Fett, Salz, Pfeffer, Paprika, Knoblauch, eventuell etwas Ingwer

Kürbisfleisch und Kartoffeln schälen und in Würfel schneiden, beides in Fett andünsten und mit der Brühe ablöschen. Köcheln Sie die Suppe gut 10 Minuten. Etwas Frühstücksspeck klein schneiden, die Zwiebel fein hacken, Brotwürfel schneiden. Den Speck auslassen und dann die Zwiebeln und die Brotwürfel im Fett rösten. Die Suppe mit dem Pürierstab pürieren und mit den Gewürzen abschmecken. Anschließend mit Speck und dem Brot-Zwiebel-Gemisch anrichten sowie mit Crème fraîche verfeinern. Variante: Mit Weißwein abschmecken!

Lucia Reich, Niefern-Öschelbronn
Christa Dauner, Gerstetten
Hildegard Hartmann, Heidenheim an der Brenz
Irmgard Ehmann, Ludwigsburg-Poppenweiler

Tipp: Für die Zubereitung von Kürbissuppen eignet sich am besten der Hokkaido-Kürbis, da dieser sehr mehlig ist und leicht zerfällt. Der Kürbis ist übrigens eine der ältesten Kulturpflanzen der Welt, er wurde bereits in der Bibel erwähnt. Erst Kolumbus brachte den Kürbis zu uns nach Europa. Großer Vorteil der Frucht – Kürbisfleisch hat pro 100 g nur 25 Kalorien.

Weintipp: Chardonnay oder ein spritziger Secco

Kastaniencremesuppe mit Käse und Zimt

Zutaten: 300 g tiefgefrorene Esskastanien, 100 g Reis, 1 l Gemüsebrühe, 0,1 l Sahne, 50 g fein gehobelter Hartkäse, 20 g Butter, Salz, Zimt

Die Kastanien in der Gemüsebrühe eine halbe Stunde lang zugedeckt köcheln lassen. Dann den Reis zufügen und das Ganze nochmals 20 Minuten köcheln lassen. Danach die Suppe im Mixer oder mit dem Pürierstab pürieren, aufkochen und mit Sahne verfeinern. Die Suppe mit Salz abschmecken. Vor dem Servieren Käse darübergeben und mit Butterflöckchen und Zimt bestreuen.

Silke Nowak, Villingen-Schwenningen

Tipp: Diese Suppe ist mit ihrem Duft nach Käse, Zimt und Kastanien besonders für die Adventszeit geeignet, meint Silke Nowak. Im Mittelmeer-Raum waren Kastanien früher ein Volksnahrungsmittel, sie hießen auch »Kartoffeln des Südens«. Esskastanien müssen inzwischen nicht mehr mühsam gesammelt werden, es gibt sie geschält und tiefgefroren.

Weintipp: Trollinger oder ein badischer Nobling

Schwäbische Hefesuppe

Zutaten: 30 g Butter, 20 g Mehl, 1 gekochte Kartoffel, 1 Würfel Hefe, gehackte Petersilie, 1 Eigelb, 1 l Fleischbrühe, Salz, Pfeffer, Muskat

Mehl in Butter hellgelb anschwitzen, dann zerbröckelte Hefe, die fein geriebene Kartoffel und etwas Petersilie unter ständigem Rühren mitdämpfen, so lange, bis ein Kloß entsteht. Dann mit der Fleischbrühe ablöschen und mit dem Schneebesen gut glatt rühren. Die Suppe leicht köcheln lassen, öfter umrühren und zum Schluss mit einem Eigelb legieren. Mit Salz, Pfeffer und Muskat abschmecken und mit Petersilie und Schnittlauch garnieren.

Martina Heinrich, Neckartenzlingen

Tipp: Was ist eigentlich Hefe? Hefen sind mikroskopisch kleine einzellige Pilze, die sich durch Zellteilung ganz schnell vermehren können. Backhefen zeichnen sich durch eine hohe Triebkraft aus. In der Natur gedeihen Hefen überall dort, wo Stärke oder Zucker vorhanden ist. Für das Kochen und Backen werden Reinzuchthefen verwendet, die es gepresst oder getrocknet zu kaufen gibt.

Weintipp: ein badischer Spätburgunder Weißherbst

Selleriesuppe

Zutaten: 40 g Fett, 60 g Mehl, eine Viertel Knolle Sellerie, 1,25 l Fleischbrühe, Selleriekraut, Petersilie

Die Sellerieknolle putzen, in Scheiben schneiden und mit wenig Salzwasser gut 10 Minuten kochen. Im Mixer oder mit dem Pürierstab pürieren. Aus dem Fett und dem Mehl eine helle Mehlschwitze zubereiten und diese mit der Fleischbrühe ablöschen. Nun kommt die Selleriemasse dazu und das Ganze wird etwa 5 Minuten durchgekocht. Die Suppe mit Salz und Muskat abschmecken und mit Petersilie und Selleriekraut garnieren. Luxusvariante: Einen Schuss Sahne dazugeben.

Ilse Halbauer, Weinstadt-Schnait

Tipp: Die kugelige Sellerieknolle ist eine wahre Vitaminbombe und enthält zudem noch viele Mineralien. Trotzdem ist Sellerie nicht jedermanns Sache, weil er eben recht eigenwillig schmeckt. Der in der Küche verwendete Sellerie wird überall angebaut, der wilde Sellerie ist in Baden-Württemberg allerdings vom Aussterben bedroht. Ihn gibt es nur noch am Oberrhein.

Weintipp: ein fruchtiger Silvaner oder ein halbtrockener Riesling

Pikante Schneckle

Zutaten: 2 Packungen Blätterteig, 150 g gekochter Schinken, 50 g roher Schinken, 1 Zwiebel, 3 EL Sahne, 1 Eigelb, 1 Eiweiß, 150 g geriebener Gouda, Salz, Pfeffer, Petersilie oder Schnittlauch

Für die Füllung werden Schinken, Zwiebel und Petersilie sehr fein gehackt. Diese anschließend mit dem Käse, der Sahne und steif geschlagenem Eischnee mischen und würzen. Den ausgerollten Blätterteig mit der Masse bestreichen und von der langen Seite her aufrollen. Schließlich in etwa 2 Zentimeter dicke Scheiben schneiden, damit es »Schneckle« gibt. Mit Eigelb bestreichen und bei 200 Grad gut 20 Minuten backen.

Bärbel Schwab, Schöntal

Tipp: Blätterteig ist eine Teigart, die ohne Hefe hergestellt wird, beim Backen aber trotzdem gut aufgeht. Da zwischen die einzelnen Teigschichten Fett gegeben wird, kann der Wasserdampf nicht entweichen und bläht sich deshalb auf. Die Herstellung von Blätterteig dauert mehrere Stunden, da er immer wieder ausgerollt und gekühlt werden muss. Das Ausrollen nennen Bäcker übrigens Tourieren.

Weintipp: Weißburgunder aus Baden oder Silvaner aus dem Taubertal

Markgräfler Meerrettichsuppe

Zutaten: 1 l Milch, frische Meerrettichwurzeln, Brühwürfel

Die Milch leicht erwärmen. Die frischen Meerrettichwurzeln fein und etwas gröber raspeln und in der Milch verrühren. Kurz aufkochen lassen. Dann die Brühwürfel in die Suppe hineinbröckeln und umrühren. Nach etwa 15 Minuten, wenn der Meerrettich gut durchgezogen hat, probieren und abschmecken. Wichtig: Nur frischen Meerrettich verwenden!

Christian Bolland, Grenzach-Wyhlen

Tipp: »Ein Kren will seinen Herrn jeden Tag sehen!« Das Sprichwort belegt es, Meerrettich (auch Kren genannt) ist aufwendig anzubauen. Meerrettich ist verwandt mit Rüben und Radieschen, seine Besonderheit ist die Schärfe. Man sollte frischen Meerrettich immer nur so weit schälen, wie man ihn reiben will. Dann bleibt er länger frisch!

Weintipp: Gutedel aus Baden

Gefüllte Eihälften

Zutaten: 4 Eier, 1 EL weiche Butter, 2 EL Mayonnaise, 2 EL Meerrettich, Salz (nach Möglichkeit Kräutersalz), weißer Pfeffer, Salatblätter

Die Eier werden hart gekocht und gut abgekühlt. Danach werden sie längs halbiert. Lösen Sie die Eidotter heraus und zerdrücken Sie diese sehr fein. Verrühren Sie dann Butter, Mayonnaise, Meerrettich, Salz und Pfeffer zu einer geschmeidigen Masse und geben Sie die Eidotter dazu. Die Eihälften auf ein Salatblatt setzen und die Masse mit einem Spritzbeutel mit gezackter Spitze einfüllen. Dazu reichen Sie geröstetes Toastbrot.

Helene Morscher, Heidenheim an der Brenz

Tipp: Ei, Ei, wer hätte das gedacht? In Baden-Württemberg legen fast 1,6 Millionen fleißige Hühner gut 380 Millionen Eier pro Jahr. Das heißt, ein Huhn erzeugt jährlich gut und gern 240 Eier. Pro Person werden übrigens durchschnittlich 220 Eier verspeist.

Weintipp: Riesling oder Rivaner

Kartoffelkuchen Härtsfelder Art

Zutaten für den Hefeteig: 250 g Mehl, 0,1 l Milch, 50 g Fett, 1 Würfel Hefe, Salz, Kümmel

Zutaten für die Füllung: 750 g gekochte und geriebene Kartoffeln, 2 EL Mehl, 2 EL Butter, 2 Eier, 1 kleine Tasse Sauerrahm, etwas gewürfelter Speck, Salz, Pfeffer

Hefeteig zubereiten und ausgerollt auf ein Backblech geben. Sämtliche Zutaten für die Füllung gut miteinander verrühren und auf dem Teig verteilen. Nach Geschmack mit Speckwürfelchen bestreuen. Der Kuchen sollte dann im Ofen sehr heiß rasch ausgebacken werden. Zu dem warmen Kuchen passt grüner Salat.

Marianne Brenner, Aalen

Tipp: Das Härtsfeld ist ein Landstrich im östlichen Teil des Ostalbkreises. Dieses Gebiet war früher sehr ländlich geprägt, die Landwirtschaft war der Haupterwerbszweig in der Region. Alle Zutaten für den Härtsfelder Kartoffelkuchen hatten die Hausfrauen damals quasi im Haus.

Weintipp: ein trockener Weißburgunder aus Baden

Krautspatzen

Zutaten: 500 g Sauerkraut, 100 g Speck, 1 Zwiebel, 400 g Mehl, 4 Eier, etwas Wasser, Muskat, Kümmel, Wacholderbeeren, 1 Lorbeerblatt, Brühe, Salz, Pfeffer

Zwiebel und Speck klein schneiden, in Butter glasig anbraten, das Kraut und die Gewürze dazugeben und 10 Minuten dünsten. Etwas Brühe dazugeben und nochmals 30 Minuten dämpfen. In der Zwischenzeit aus Mehl, Eiern, Wasser, Salz und Muskat einen Spätzlesteig herstellen und mit dem Spätzlesdrücker in kochendes Salzwasser drücken. Herausnehmen und abtropfen lassen. Wacholderbeeren und Lorbeerblatt aus dem Kraut nehmen und die Spätzle unter das Sauerkraut mischen. Varianten: eine Sauerrahm-Eier-Mischung über Krautspätzle geben und 30 Minuten bei 200 Grad überbacken! Oder: Kraut und Spätzle mit Leberwurst aus der Dose in eine Form schichten!

Ingrid Reisch, Fronreute
Ursula Lüking, Remchingen
Ruth Härdter, Spraitbach
Sibylle Hertlein, Oberrot

Tipp: Die Herkunft der Spätzle ist umstritten und wurde bis heute nicht eindeutig geklärt. Eine erste urkundliche Erwähnung findet sich zwar im Jahr 1725, doch dürfte die Geschichte der Spätzle weit älter sein. Eine jahrhundertealte Tradition des »Nationalgerichtes« belegen mittelalterliche Darstellungen, auf denen Schwaben mit Spätzlesbrett abgebildet sind.

Weintipp: ein trockener Silvaner oder Kerner

Topinambur-Püree

Zutaten: 900 g Topinambur, 300 g Kartoffeln, 0,6 l Milch, 2 unbehandelte Zitronen, 4 Knoblauchzehen, 80 g Butter, 1 Bund Petersilie, Salz, Pfeffer, Muskat

Topinambur und Kartoffeln waschen und schälen. Mit der Milch und einer Prise Salz aufkochen, bei mittlerer Hitze weiterköcheln. Von den Zitronen die Schale abschälen und mit Knoblauch und Petersilie hacken. Die Milch abgießen und auffangen. Topinambur und Kartoffeln stampfen. So viel Milch zugeben bis ein glattes Püree entsteht und würzen. Zitronenschale, Petersilie und Knoblauch in Butter andünsten, über das Püree geben.

Gudrun Hoda, Hausach

Tipp: Die Topinambur-Knolle mit dem süßlich-nussigen Geschmack wurde bereits von den Indianern geschätzt. Auch in der badischen Ortenau wächst Topinambur, ist aber nicht immer zu bekommen. Die Erdknolle gehört zur selben Gattung wie die Sonnenblume und wird im Schwarzwald gerne zu Schnaps verarbeitet. Topinambur ist bei Diabetikern beliebt, weil der Mehrfachzucker Inulin enthalten ist.

Kartoffel-Klöße

Zutaten: 600 g Kartoffeln, 2 Eigelb, 50 g Kartoffelstärke, 30 g geschmolzene Butter, 80 g Butter, 2 EL Semmelbrösel, Salz, Muskat (frisch gerieben!)

Die Kartoffeln garen, schälen, durch die Presse auf eine flache Platte drücken und ausdampfen lassen. Eigelb und Gewürze mit einem Spatel unterarbeiten, dann die Kartoffelstärke und zuletzt die flüssige Butter gut in den Teig einarbeiten. Von diesem Teig Klöße formen und in kochendes Salzwasser legen. Dann 15 Minuten gar ziehen lassen. Semmelbrösel in Butter bräunen, Klöße zum Schluss darin wälzen.

Elisabeth Rohleder, Neckarbischofsheim

Tipp: Achten Sie auf die Kartoffelsorte: Quarta und Agria eignen sich gut für die Herstellung von Klößen, sie sind vorwiegend festkochend. Beide Sorten sind gut lagerfähig, sie sind sozusagen Allround-Talente. Damit Kartoffeln gleichzeitig gar werden, ist es wichtig, dass sie in etwa die gleiche Größe haben.

Schupfnudeln

Zutaten: 250 g gekochte, geschälte Kartoffeln (sie sollten vom Vortag sein), 250 g Mehl, 1 Ei, Salz, Muskat

Kartoffeln durch eine Presse drücken und mit den restlichen Zutaten gut verkneten. Es sollte ein fester Teig entstehen. Formen Sie auf einer bemehlten Arbeitsplatte längliche Schupfnudeln. Geben Sie diese Kartoffeln-Nudeln anschließend in kochendes Salzwasser. Wenn sie oben aufschwimmen, mit dem Schaumlöffel herausholen und gut abtropfen lassen.

Sabine Felder, Aulendorf

Tipp: Die Schupfnudeln haben im Volksmund allerlei Namen: Wargelnudeln im Allgäu, Bauchstecherle im Fränkisch-Hohenlohischen, Buabaspitzle oder auch Bauraseckele. Ihren Namen hat die Schupfnudel von der typischen Bewegung bei der Herstellung. »Schupfen« bedeutet so viel wie »wegstoßen« oder »wegrollen« mit der gewölbten Hand, wodurch die unverwechselbare Form entsteht.

Grünkernküchle

Zutaten: 0,5 l Brühe, 2 Lorbeerblätter, 250 g Grünkernschrot, 1 Zwiebel, 1 Bund Petersilie, 100 g geriebener Käse, 2 Eier, Salz, Pfeffer

Die Brühe mit den Lorbeerblättern aufkochen. Grünkernschrot einrühren und kurz aufkochen, dann 10 Minuten quellen lassen und Lorbeer entfernen. Zwiebel und Petersilie fein hacken und mit dem Käse und den Eiern in die Masse einrühren. Schmecken Sie die Masse ab und formen Sie kleine Küchle, die in heißem Fett angebraten werden. Variante: Weniger Grünkernschrot nehmen, dafür etwas Hackfleisch untermischen. Dazu passt Salat.

Heike Müller, Boxberg
Edith Keller, Ahorn-Hohenstadt

Tipp: Grünkern ist gerösteter Dinkel, der vor allem im »Bauland«, in der Gegend zwischen Heilbronn und Würzburg, angebaut wird. Der Dinkel wird für die Herstellung von Grünkern noch unreif geerntet. Er wächst selbst auf sehr kargen Böden. Heute werden rund 800 Tonnen Grünkern produziert, fast ausnahmslos rund um Boxberg. Grünkern ist natürlich längst eine Spezialität.

Weintipp: ein trockener oder halbtrockener Samtrot aus dem Heilbronner Unterland oder ein badischer Rotgold

Fellbacher Landfrauenfleckla

Zutaten: 1 kg Weizenmehl, 1 Würfel Hefe, 30 g Salz, 0,7 l Wasser, 300 g Sauerrahm, 3 Eier, 200 g gedünsteter Speck, 300 g Lauch, Salz, Pfeffer, Kümmel

Aus Mehl, Hefe, Salz und Wasser einen Hefeteig herstellen. Diesen Teig in zehn Stücke teilen und nochmals in Wärme gehen lassen. Wellen Sie dann jedes Stück aus und ziehen Sie es etwas zurecht. Den Sauerrahm mit den Eiern, dem gedünsteten Lauch und dem Speck verrühren und würzen. Verteilen Sie diese Masse gleichmäßig auf den Teigstücken und backen Sie diese bei 250 Grad in etwa 20 Minuten knusprig.

Erika Beurer, Fellbach

Tipp: Salz- oder Rahmkuchen aus lockerem Hefeteig wurden bereits zu Beginn des 20. Jahrhunderts in den Backhäuschen an Festtagen von den Frauen gebacken. Die Namen für dieses Gebäck sind regional verschieden: Fleckla, Deie, Wehe oder Blooz. Der salzige Hefekuchen erinnert aber auch durchaus an eine Pizza – die schwäbische Variante eben.

Weintipp: ein trockener Zweigelt aus dem Remstal

Zwiebelkuchen

Zutaten: Hefeteig (fertig oder selbst hergestellt), 500 g Zwiebeln, 100 g Speck, 2 Eier, 200 g geriebener Käse, 0,1 l Sahne, 40 g Butter, Salz, Pfeffer, Kümmel

Den Hefeteig ausrollen und ein Backblech oder eine Kuchenform damit auslegen. Die Zwiebeln fein hacken und in der Butter glasig dünsten. Den gewürfelten Speck dazugeben. Die Eier verquirlen und mit dem Käse, der Sahne und der Zwiebel-Speck-Masse mischen. Mit Salz, Pfeffer und Kümmel abschmecken und anschließend auf den Teig geben. Bei 200 Grad etwa 25 Minuten goldbraun backen. Variante: Die Zwiebelmasse wird fester, wenn Sie Schmand und Quark dazugeben! Dazu gibt es Neuen Wein.

Heike Flegler, Wertheim-Dertingen
Luise Klorer, Endingen

Tipp: Der Neue Wein, der Begleiter des Zwiebelkuchens, wird im Spätherbst verkauft. Dieser Traubenmost, der gerade mit dem Gären begonnen hat, ist noch durch Hefereste getrübt. Der Neue Wein schmeckt am Anfang sehr süß und ist nur wenige Tage haltbar. Vorsicht, unterschätzen Sie den »Süßen« nicht, er kann bis zu zehn Prozent Alkohol enthalten!

Rutesheimer Rohstrugel

Zutaten: 300 g Mehl, gut 1 l lauwarme Milch, 50 g Butter, 1 EL Öl, 4 Äpfel, 400 g Sauerrahm, 7 Eier, Salz, Butterflöckchen

Aus dem Mehl, 0,1 l Milch, Butter, Öl und einer Prise Salz einen Nudelteig kneten, diesen in 4 Teile schneiden, sehr dünn auswellen und dann etwa 2 Stunden trocknen lassen. Danach die Äpfel schälen, entkernen, in kleine Stücke schneiden und auf dem Nudelteig verteilen. Das Ganze einrollen und in mit Butter gefettete Auflaufformen legen. Sauerrahm, Eier, Salz und restliche Milch verquirlen, damit die Nudelrollen übergießen. 1 Stunde und 15 Minuten bei 180 Grad backen. Dazu wird Most getrunken.

Elfriede Bolay, Rutesheim

Tipp: Dieses Gericht ohne Zucker gibt es nur in Rutesheim. Es ist eine Hauptspeise, die von den Rutesheimer Landfrauen seit vielen Jahrzehnten hergestellt wird. Dieser Rahmstrudel wird alljährlich zum Rohstrugel-Fußball-Turnier angeboten. Rohstrugel ist auch der Neckname für die Rutesheimer.

Weintipp: ein halbtrockener Muskateller aus Württemberg

Saure Kutteln

Zutaten: 1 kg Kutteln geschnitten, 50 g Fett, 50 g Mehl, Pfefferkörner, Lorbeerblatt, ein Schuss Weißwein, Wasser, Salz, Pfeffer

Das Mehl in Fett anbräunen, mit Wasser ablöschen. Die Gewürze dazugeben und mit Wein abschmecken. Geben Sie dann die Kutteln dazu und lassen Sie diese in der Soße köcheln. Dazu passen Bratkartoffeln. Variante: mit Tomatenmark und 0,25 l Lemberger abschmecken!

Annemarie Sauter, Oberderdingen-Flehingen
Frieda Lechner, Westhausen
Karin Pospiech, Bad Friedrichshall

Tipp: Kutteln gehören zu den Innereien. Um diese Vormägen genießbar zu machen, müssen sie gründlichst gereinigt werden. Der Metzger entfernt den Talg und gart die Kutteln mindestens zehn Stunden in Salzwasser. In dieser Art vorbereitet können die Kutteln beim Metzger gekauft und weiterverarbeitet werden.

Weintipp: ein trockener oder halbtrockener Trollinger aus Württemberg

Fleischkäse-Rouladen

Zutaten: 8 Scheiben dicker Fleischkäse, 800 g Lauch, 150 g Gouda in Scheiben, 1 EL Petersilie und Schnittlauch, Butter, Salz, Pfeffer, Muskat

Den Lauch putzen, in 10 Zentimeter lange Stücke schneiden und mit Butter andämpfen. Mit Salz, Pfeffer und Muskat gut würzen. Die Fleischkäsescheiben mit einer Käsescheibe und einer Lauchstange belegen, aufrollen und mit einem Zahnstocher feststecken. Die Rollen werden in eine gefettete Auflaufform gelegt und mit etwas geriebenem Käse bestreut. Bei 190 Grad im Ofen etwa 20 Minuten backen. Dazu passt Kartoffelgratin.

Andrea Wößner, Loßburg

Tipp: Der Fleischkäse gehört offiziell zu den Brühwürsten. Der bayerische Kurfürst Karl Theodor hatte 1776 einen Metzger aus Mannheim nach München mitgebracht, dort erfand dieser dann den Fleischkäse. Der Fleischkäse enthält nur Fleisch vom Schwein.

Weintipp: ein trockener Spätburgunder

Mostbraten

Zutaten: 1 Schweinehals (etwa 2 kg), 2 Zwiebeln, 1 Karotte, 1 Sellerieknolle, Lauch, 2 l Most, Mehl, 1 Becher Sahne, 2 Lorbeerblätter, 4 Nelken, 10 Wacholderbeeren, 6 Pfefferkörner, Thymian, 100 g Paniermehl, 2 EL Zucker, gemahlene Gewürznelken, Salz

Das Fleisch mit dem geschnittenen Gemüse und den Gewürzen drei Tage in Most einlegen. Herausnehmen und mit Salz und Pfeffer würzen. Im Backofen bei 200 Grad 1 Stunde und 40 Minuten backen, zwischendurch mit der Beize übergießen und Gemüse dazugeben. Den Braten in einer Panade aus Paniermehl, Zucker und Gewürznelkenpulver wenden. Nochmals 20 Minuten backen. Den Mostfond mit Mehl binden und mit Sahne verfeinern.

Heide Pfisterer, Enzweihingen

Tipp: Mosttrinker sind Umweltschützer, denn das Obst für dieses leicht herbe Getränk stammt von baden-württembergischen Streuobstwiesen. Most hat einen Alkoholgehalt von etwa 5,5 Prozent. Hergestellt wird Most aus Äpfeln und Birnen. Weiterer Vorteil dieses Getränks: Es hat kaum Kalorien.

Lammrücken mit Fenchel

Zutaten: 800 g Lammrücken, 4 Fenchelknollen, 0,1 l Weißwein, 0,1 l Brühe, 30 g Butter, 1 Zitrone, Salz, Pfeffer

Den Lammrücken waschen, abtupfen und die Fettschicht so einschneiden, dass kleine Karos entstehen. Butter mit einem halben Teelöffel Pfeffer, einem Teelöffel Salz und Zitronensaft erwärmen, den Braten damit bestreichen. Das Fleisch in eine Auflaufform legen und bei 220 Grad 25 Minuten im Ofen braten. Zwischendurch immer wieder mit der Buttermischung einpinseln. Dann den geviertelten Fenchel zum Fleisch geben, mit Brühe und Wein auffüllen. Weitere 40 Minuten schmoren lassen, zwischendurch übergießen.

Rosemarie Wellerdiek, Eberdingen-Hochdorf

Tipp: Ob Schulter, Rücken oder Keule, Lamm aus dem »Ländle« ist ausnehmend zart und hat ein würziges Aroma. Vor allem Württemberger Lamm ist über die Landesgrenzen hinweg ein Begriff: Im 18. Jahrhundert verdienten die Schäfer ein kleines Vermögen, wenn sie ihre Herde bis nach Paris trieben und dort Fleisch verkauften. Entfernen Sie das Fett nie vor dem Braten, es ist als Geschmacksträger wichtig!

Weintipp: trockener Lemberger oder Spätburgunder

Kluompenkuchen

Zutaten: 1,5 l Milch, 0,5 l Sauermilch, 3 Eier, 1 Becher Sauerrahm, 1 Becher süßer Rahm, 1 Becher Crème fraîche, 50 g Zucker, 1 EL Mehl, Vanillezucker, etwas Butter, Zucker, Zimt, Rosinen, fertiger Hefeteig

Die Milch aufkochen. Inzwischen Sauermilch, ein Ei und das Mehl zusammenrühren. Diese Masse lassen Sie langsam in die köchelnde Milch einlaufen. Das Ganze muss – ohne dass es umgerührt wird – leicht ziehen, bis sich eine klare Brühe bildet. Die so entstandene »Kluompen«-Masse lässt man über Nacht abtropfen. Am nächsten Tag werden die restlichen Eier, der Sauerrahm, der süße Rahm, die Crème fraîche, Zucker und Vanillezucker dazugegeben und alles verrührt. Ein Backblech wird mit Hefeteig ausgelegt und die Kluompen-Masse darauf verteilt. Rosinen, etwas zerlassene Butter, Sahne, Zucker und Zimt obendrauf geben und dann backen.

Marliese Grau, Gaildorf-Eutendorf

Tipp: Der Kluompenkuchen ist der Kirbekuchen aus dem Limpurger Land, der Gegend um Gaildorf. Die Kirchweihfeste, kurz Kirben, finden bis in den November hinein statt. Früher war es für die Hausfrauen wichtig, große Mengen Kuchen zu backen, um damit den Wohlstand der Familie aufzuzeigen. Bis zu einhundert Kuchen pro Haushalt waren in früheren Zeiten keine Seltenheit.

Dampfnudeln

Zutaten: 500 g Mehl (auch Vollkornmehl ist geeignet), 70 g Butter, 0,2 l Milch, 1 Prise Salz, 1 Würfel Hefe

Butter im Topf schmelzen lassen, Milch dazugeben und erwärmen. Salz und Hefe darin auflösen und mit Mehl zu einem großen Kloß verkneten. An einem warmen Ort bis zum doppelten Volumen gehen lassen und dann 16 Teigknödel formen. Nochmals 15 Minuten gehen lassen. In einer Pfanne ein Zentimeter hoch Wasser zum Kochen bringen. Fünf Teigknödel einlegen und etwa 20 Minuten bei geringer Hitze zugedeckt kochen. Alle Dampfnudeln auf diese Weise zubereiten. Aber: Vorsicht beim Öffnen des Deckels, es sollte kein Kondenswasser auf die Dampfnudeln tropfen. Dazu gibt es Vanillesoße.

Thomas Kübler, Karlsruhe

Tipp: Dampfnudeln können etwas heikel sein, man sollte sich von vereinzelten Fehlversuchen nicht abschrecken lassen. Das Wichtigste ist, dass der Teig gut aufgegangen und der Topf gut verschlossen ist. Unter gar keinen Umständen nachsehen, wie weit die Dampfnudeln schon sind, sonst werden sie garantiert nichts.

Weintipp: eine gereifte Riesling Auslese

Sagopudding

Zutaten: 0,25 l Milch, 2 Eigelb, 2 Eiweiß, 2,5 EL Sago, 2 EL Zucker

Die Milch mit Eigelb verrühren und aufkochen. In diese kochende Flüssigkeit Sago einrühren, auf kleiner Flamme gut 20 Minuten zu einem dicken Brei aufquellen lassen und dabei öfter umrühren. Eiweiß steif schlagen, bis eine schaumige Masse entsteht. Dann den Zucker langsam einrieseln lassen und weiter schlagen, der Eischnee sollte sehr fest werden. In diesen Eischnee den noch heißen Sagobrei einrühren – aber nicht zu fest, es sollten auf jeden Fall noch Eiweiß-Flocken zu sehen sein.

Margarete Völker, Stuttgart

Tipp: »Wo Sago wächst, muss niemand hungern.« So lautet ein Sprichwort. Das weiße, glasige Verdickungsmittel wurde ursprünglich aus dem Mark der Sago-Palme in Südamerika gewonnen. Deutscher Sago wird meist aus Kartoffelstärke hergestellt und ist in jedem Supermarkt erhältlich. Sago ist geschmacksneutral und wird deshalb gerne zum Andicken von Süßspeisen verwendet.

Traubenküchlein

Zutaten: 4 Kochlöffel Mehl, Milch, Schmalz, 2 Eier, 2 Eigelb, Trauben nach Geschmack, Zucker

Das Mehl wird mit heißer Milch steif gerührt. In die Masse kommen 2 EL heißes Schmalz, 2 Eier und 2 Eigelb. Nun rühren Sie so lange, bis ein dicker Brei entsteht. Die Trauben werden gewaschen und entkernt, mit Zucker bestreut und unter die Masse gegeben. Daraus werden nun mit einem Esslöffel Küchlein abgestochen, die in heißem Schmalz ausgebacken werden. Die Küchlein mit Zucker bestreuen und noch heiß servieren. Dazu passt Vanillesoße oder Kompott.

Martina Fuchs, Leingarten

Tipp: Die Weinrebe ist eine der ältesten Kulturpflanzen der Welt, aber erst die Römer brachten sie zu uns. Für ein Dessert sollten sie Tafeltrauben verwenden, diese sind sehr süß und teilweise auch kernlos. Blaue Trauben sind übrigens gesünder als helle: Sie enthalten Anthocyane, die entzündungshemmend und gefäßschützend wirken.

Weintipp: eine Scheurebe Auslese aus Baden

Apfelkrapfen

Zutaten: 2 Eier, 6 EL Wasser, 2 EL Öl, 250 g Mehl, 6 Äpfel, 2 EL Margarine, ein halber TL Salz, Rosinen, Zimt, Zucker

Eier, Wasser, Öl und Salz gut vermischen, das Mehl unterkneten, bis ein glatter Teig entsteht. Dann sollte der Teig eine halbe Stunde ruhen. Den Teig auf einem bemehlten Tuch zu einer 2 Millimeter dicken Platte ausrollen. Die Äpfel schälen, entkernen, fein hobeln und auf der Teigplatte verteilen. Rosinen, Zimt und Zucker darüberstreuen. Die Teigplatte wird jetzt wie ein Strudel aufgerollt und dann in gleichmäßige etwa 6 Zentimeter lange Stücke geschnitten. Diese werden in heißer Margarine in einem Bratentopf gut angebräunt. Geben Sie nun 2 EL Wasser seitlich in den Topf und lassen die Krapfen 25 Minuten zugedeckt garen.

Irmgard Dreher, Alleshausen

Tipp: Wussten Sie, dass die Bodensee-Region nach dem »Alten Land« bei Hamburg das bedeutendste Apfelanbaugebiet in Deutschland ist? Jährlich werden dort bis zu 220 000 Tonnen Äpfel geerntet, es gibt gut 20 verschiedene Sorten. Am beliebtesten sind Jonagold, Elstar, Idared und Gala.

Weintipp: eine Kerner Spätlese

Schneeballen mit Vanillesoße

Zutaten: 6 Eiweiß, 6 Eigelb, 1 l Milch, 1 Vanilleschote, 2 TL Speisestärke, 1 Prise Salz, etwas Zucker

Eiweiß steif schlagen, Milch mit Salz und der Vanilleschote zum Kochen bringen. Mit einem Löffel Eischnee wie kleine Schneeballen abstechen und in die kochende Milch setzen. Ganz kurz ziehen lassen, wenden und dann mit der Schaumkelle herausholen. Für die Vanillesoße Eigelb, Zucker und Speisestärke verrühren. Die Milch erneut aufkochen, die Masse einrühren und kurz aufkochen. Soße in Gläser füllen und die Schneeballen obendrauf setzen. Kalt servieren.

Waltraud Carle, Bad Friedrichshall
Gerda Ott, Gammertingen-Harthausen

Tipp: Das Rezept stammt aus einem über 75 Jahre alten Klassiker, dem Kiehnle-Kochbuch von Hermine Kiehnle. Es wurde nahezu jedem Brautpaar bei der Hochzeit übergeben, ursprünglich war es ein Schulkochbuch. Es enthält alles, was eine schwäbische Hausfrau wissen musste, insgesamt gut 2400 Rezepte.

Weintipp: einen trockenen Muskateller-Sekt

Weincreme

Zutaten: 0,5 l Riesling, 3 Eigelb, 125 g Zucker, 2 gestrichene EL Speisestärke, Schale und Saft einer halben Zitrone

Den Wein vorsichtig erhitzen. Nun die übrigen Zutaten miteinander vermengen und diese Masse langsam in die kochende Flüssigkeit einrühren. Das Ganze einmal aufkochen. Anschließend die heiße Creme in eine feuerfeste Form füllen und erkalten lassen. Eine Variante ist die überbackene Weincreme: Streichen Sie steif geschlagenes, gezuckertes Eiweiß auf die Creme, streuen Sic Mandelstifte darüber und überbacken dies rund 15 Minuten bei 200 Grad im Ofen.

Sonja Greiner, Ludwigsburg
Ursula Münz, Mannheim
Lina Kühner, Weinsberg

Tipp: Riesling wird sowohl in Baden als auch in Württemberg angebaut. Die Rebfläche ist jedoch in den vergangenen Jahren etwas zurückgegangen. Riesling wird überwiegend trocken ausgebaut: Trocken ist ein Wein, wenn er nicht mehr als 9 Gramm Restsüße pro Liter aufweist.

Weintipp: ein Riesling Eiswein

Winter

Alfdorfer Krautkräpfle

Zutaten: 500 g fertig gekochtes Sauerkraut nach Geschmack gewürzt, 250 g gewürfelte Brötchen, 250 g geräuchte Schinkenwurst, 500 g fertiger Nudelteig, 1,5 l Fleischbrühe

Sauerkraut mit den Brötchenwürfeln mischen, klein geschnittene Wurst mit dazugeben. Es sollte eine feste Masse entstehen, die Sie dann eine Stunde lang gut durchziehen lassen. Den Nudelteig ausrollen und mit der Sauerkrautmasse füllen und wie bei Maultaschen verschließen. Anschließend in die heiße Brühe geben und gut 20 Minuten durchziehen lassen, nicht kochen! Varianten: die Füllung mit Schmand verfeinern! Und: statt Schinkenwurst Bratwürste nehmen!

Ruth Bohn, Alfdorf
Rosemarie Backhaus-Schaaf, Alfdorf-Pfahlbronn
Waltraud Zehender, Alfdorf-Buchengehren
Anna Schneider, Schnürpflingen

Tipp: So entsteht Sauerkraut: Nach einem alten Hausfrauenrezept hobelt man Spitzkohl in dünne Streifen, salzt und stampft ihn so lange, bis das Kraut im eigenen Saft steht. Danach wird das Kraut mit einem feuchten Tuch abgedeckt und mit einem Deckel beschwert. Nach einigen Tagen Lagerung in einem kühlen Raum ist dank eines chemischen Prozesses, der Milchsäuregärung, ein leicht verdauliches und nährstoffreiches Lebensmittel entstanden.

Weintipp: Trollinger oder Schwarzriesling

Käseklößchensuppe

Zutaten: 60 g Margarine, 60 g Mehl, 100 g geriebener Allgäuer Emmentaler, Gemüsebrühe, 1 Ei, Salz, Muskat

Weiche Margarine, Mehl, Käse und Gewürze mit einem Rührgerät verarbeiten, bis ein glatter Teig entsteht. Formen Sie mit zwei Kaffeelöffeln längliche Klößchen. Die Löffel sollten immer wieder in kaltes Wasser getaucht werden, damit der Teig nicht daran festklebt. Die länglichen Klößchen in kochende Brühe geben und dort etwa 10 Minuten durchziehen lassen.

Emilie Brunner, Sinsheim

Tipp: Der erste Allgäuer Emmentaler wurde 1821 hergestellt. Der wagenradgroße Käseriese ist ein Kuhmilch-Hartkäse. Ein Senner benötigt für die Zubereitung eines Allgäuer Emmentalers von 75 kg die Tagesleistung von 70 Milchkühen, also etwa 1000 Liter Milch. Ein Hartkäse darf nur dann Allgäuer Emmentaler genannt werden, wenn er aus den Landkreisen Lindau, Ober-, Unter- oder Ostallgäu, Ravensburg, Bodensee oder aus den Städten Kaufbeuren, Kempten und Memmingen kommt.

Weintipp: ein fruchtiger Kerner

Kartoffelsuppe

Zutaten: 400 g Kartoffeln, Suppengrün (Lauch, Sellerie, Karotte und Zwiebel), 1 EL Fett, 1 l Brühe, 1 Eigelb, Butter, Sauerrahm, ein Brötchen, Salz

Die Kartoffeln werden geschält, gewürfelt und in der Brühe gekocht. Das geputzte und klein geschnittene Gemüse in Fett dämpfen, anschließend mit den weich gekochten Kartoffeln vermengen und mit einem Pürierstab pürieren. Nochmals aufkochen lassen. Mit Eigelb und Sauerrahm legieren und mit gerösteten Brotwürfeln garnieren. Variante: Kresse dazugeben und pürieren. Kleine Stücke von Forellenfilets in die Suppe einlegen.

Martina Kumberg, Karlsruhe
Rita Schemel, Achern
Gisela Maruschak, Neresheim

Tipp: Das Grundrezept stammt von Martina Kumbergs Großtante Elsa Reeb, Jahrgang 1903, die dazu Dampfnudeln reichte. Früher sollte Kartoffelsuppe hauptsächlich sättigen, inzwischen hat sie aber Einzug in die gehobene Küche gefunden. Kartoffelsuppe wird dann gerne mit Steinpilzen oder Krabben verfeinert.

Weintipp: Gutedel aus Baden, für die Württemberger ein halbtrockener Trollinger

Geröstete Grießsuppe

Zutaten: 2,5 EL Hartweizengrieß, 1 Ei, 1 Brühwürfel, 0,5 l Wasser, etwas Butter, etwas geräucherter Speck

Die Butter im Topf heiß werden lassen, dann den klein geschnittenen Speck hinzufügen und brutzeln lassen. Den Grieß hinzugeben und goldbraun anrösten. Mit Wasser ablöschen und die Suppe 20 Minuten köcheln. Zum Würzen den Brühwürfel hineingeben und gut umrühren. Das Ei verrühren und unter die Suppe heben. Nur noch kurz aufkochen. Mit Schnittlauch garnieren.

Irene Eckert, Böllen

Tipp: Das Rezept für geröstete oder gebrannte Grießsuppe ist sehr alt. In schlechten Zeiten wurde diese nahrhafte Suppe einfacher zubereitet, ohne Speck und Ei, erklärt Irene Eckert zu ihrem Rezept. Und: Geröstete Grießsuppe bewirkt bei Kranken wahre Wunder. Nach deren Genuss geht es den meisten besser.

Weintipp: ein fruchtiger halbtrockener Grauburgunder

Sauerkrautsuppe

Zutaten: 250 g Sauerkraut, 1 Zwiebel, 1 Knoblauchzehe, 1 rote Paprika, 1 l Brühe, 100 g Sahne, 1 Paar Rauchpeitschen (Peitschenstecken oder Landjäger), 1 EL Paprikapulver, Cayennepfeffer, Salz, Pfeffer, Zucker, Petersilie

Die Zwiebel und die Knoblauchzehe schälen und fein würfeln, dann in der Butter glasig dünsten. Die Paprikaschote in dünne Streifen schneiden, dazugeben und mitdünsten. Sauerkraut zum Gemüse geben und mit Brühe aufgießen. Paprikapulver einrühren und 20 Minuten garen. Die Rauchpeitschen klein schneiden, zur Suppe geben, das Ganze mit Gewürzen abschmecken und mit Sahne und Petersilie verfeinern. Variante: klein geschnittenes Kassler unterrühren!

Helga Schöll, Berghülen
Adelheid Stehle, Horb am Neckar
Rosmarie Blersch, Giengen an der Brenz
Liesel Jocham, Niederwangen
Inge Tanch, Eberdingen-Hochdorf

Tipp: Für diese Suppe gibt es zahlreiche Varianten. Statt der Rauchpeitschen werden Kassler, Gehacktes oder auch Champignons dazugegeben. Abgeschmeckt wird die Sauerkrautsuppe auch öfter mit fertiger Schaschlik-Soße, eine eigenwillige, aber leckere Kreation.

Weintipp: Traminer, Silvaner oder Frühburgunder

Kartoffel-Hörnchen

Zutaten: 200 g Mehl, 30 g Fett, 80 g Zucker, 1 Päckchen Backpulver, 1 Päckchen Vanillezucker, 250 g Kartoffeln, Hagebuttenmarmelade zum Bestreichen

Kalte Kartoffeln fein reiben und mit den übrigen Zutaten zu einem glatten Teig verarbeiten. Gut durchkneten! Den Teig dann etwa einen halben Zentimeter dick auswellen, in handgroße Vierecke schneiden. Diese Teigstücke werden mit der Hagebuttenmarmelade bestrichen und über Eck aufgerollt. Die Hörnchen werden bei 200 Grad etwa 25 Minuten gebacken.

Sibylle Griesinger, Rot am See

Tipp: Hagebutten sind die Früchte wild wachsender Rosen, sie können hervorragend zu Mus und Marmelade verarbeitet werden. Zum Einkochen müssen Stiele und Spitzen entfernt, die Früchte halbiert und auch die Samen sowie die Haare entfernen werden. Eine einzige Hagebutte enthält zwanzigmal so viel Vitamin C wie eine Orange!

Weintipp: Eine nicht zu trockene Riesling Spätlese oder ein Gewürztraminer

Gefüllte Rote Beete

Zutaten: 4 Knollen Rote Beete, 3 EL Rapsöl, 2 EL Weißbrotwürfel, 1 hart gekochtes Ei, 1 rote Paprika, 2 EL Hüttenkäse, 2 EL geriebener Hartkäse, 2 EL gehackte Kräuter, Salz, Pfeffer

Die Rote Beete etwa eine Stunde in Wasser weich garen, abkühlen lassen und dann schälen, halbieren und aushöhlen. Die Innenseiten werden mit Salz und Pfeffer bestreut. Bräunen Sie die Brotwürfel in etwas Öl. Würfeln Sie das Ei und die Paprika, mischen Sie Käse und Kräuter darunter und füllen Sie mit dieser Mischung die Rote-Beete-Hälften. Nochmals mit Käse bestreuen und im Backofen bei 200 Grad gut 20 Minuten überbacken.

Christine und Franziska Müllner, Gärtringen

Tipp: Römische Legionäre brachten einst die Rote Beete zu uns. In der süddeutschen Küche ist sie allerdings nicht so richtig heimisch geworden. Schade – denn die rote Knolle enthält sehr viele Vitamine und Mineralstoffe. Vor allem die Bio-Bauern in Baden-Württemberg schenken der Roten Beete wieder mehr Aufmerksamkeit.

Weintipp: Schwarzriesling oder Spätburgunder

Pastete

Zutaten: 1 kg feines Brät (beim Metzger bestellen), 200 g Kalbsleberwurst, 500 g gekochter Schinken, 2 Dosen gemischte Pilze, 8 Scheiben Toastbrot, 1 Zwiebel, 4 Eier, Salz, Pfeffer, Petersilie, etwas Sahne

Den Schinken in kleine Würfel schneiden, das Toastbrot ebenfalls würfeln und anrösten. Die gehackte Zwiebel mit Petersilie etwas in Butter dämpfen. Mit Brät, Leberwurst, Pilzen und den Eiern gut vermischen, würzen und die Masse in eine gefettete Auflaufform geben. Bei 180 Grad im Backofen eineinhalb Stunden zugedeckt backen, danach ohne Deckel nochmals eine halbe Stunde im Ofen lassen. Die Pastete schmeckt warm oder kalt.

Michaela Stehle, Horb-Dettlingen

Tipp: Bratwurstbrät ist eine rohe, gewürzte Fleischmasse, mit der Bratwürste gefüllt werden. Es fehlt quasi nur die Wursthülle. Brät wird ähnlich wie Hackfleisch verarbeitet. Der Begriff stammt von dem althochdeutschen Wort »brato«, das reines, unvermischtes Fleisch bedeutet.

Weintipp: Riesling Spätlese oder Grauburgunder Spätlese

Linsenküchle

Zutaten: 2 Tassen abgekochte Linsen, 1 Ei, eine halbe Tasse Mehl, 1 Zwiebel, Tomatensaft, Salz, Pfeffer, Schnittlauch, Petersilie

Die Zwiebel klein schneiden, dann alle Zutaten sehr gut miteinander vermengen. Dabei verwenden Sie nur so viel Tomatensaft, dass sich die Masse gut formen lässt. Anschließend kleine Frikadellen formen und in heißem Öl ausbacken. Dazu schmeckt Salat. Oder – Linsenküchle in Brötchen legen und etwas Senf dazugeben.

Doris Kurz, Spraitbach

Tipp: Leisa – schwäbisch für Linsen – wurden auf der Schwäbischen Alb bis Mitte des 20. Jahrhunderts angebaut. Der hohe Arbeitsaufwand und die niedrigen Erträge waren die Gründe für das Verschwinden der Alblinsen. Jetzt sind sie wieder da: Ökobauern haben die alten Sorten der Kulturpflanze wieder in ihr Programm aufgenommen. Die Alb-Leisa sind klein und garen rasch.

Weintipp: trockener Trollinger mit Lemberger oder ein Regent aus Baden

Mongärle

Zutaten: 1 kg Kartoffeln, 250 g Mehl, 1 Ei, 1 Tasse Sauerrahm, 1 Tasse Grieben, etwas Milch, Salz

Die gekochten Kartoffeln werden geschält und heiß durch eine Presse gedrückt. Die Masse erkalten lassen, dann Mehl, Ei und Salz dazugeben und zu einem geschmeidigen Teig verarbeiten, er sollte gut fest sein. Aus diesem Teig ein Rechteck auswellen. Rahm, Grieben und Salz dünn auf den Teig streichen, aufrollen und in etwa 15 Stücke schneiden. Die Stücke in eine gefettete Kasserolle legen. Gießen Sie etwas Milch darüber und backen Sie die Griebenschneckle bei 180 Grad gut 45 Minuten im Ofen. Dazu passt Sauerkraut.

Annemarie Fuchs, Bühlertann

Tipp: Grieben oder Speckgrieben werden auch als Grammeln oder Grieven bezeichnet. Grieben sind ausgebratene Speckwürfel aus dem Rückenfett oder dem Bauchwandfett (Flomen) des Schweins, die gerne auch unter Schmalz gemischt werden. Sie haben eine gelb-bräunliche Farbe und sollten gut kross sein.

Weintipp: ein trockener Dornfelder

Wurstknöpfle

Zutaten: 2 harte Brötchen, 300 g Schinkenwurst oder Rauchfleisch, Schnittlauch, 500 g Mehl, 4 Eier, Wasser, Petersilie, Salz, Pfeffer, Muskatnuss

Brötchen und Wurst in Würfel schneiden, Petersilie und Schnittlauch fein hacken und alles miteinander vermengen. Dazu kommen Mehl, Eier, Wasser, Salz und Pfeffer, daraus wird dann ein dicker Teig geschlagen. Von diesem Teig mit einem Esslöffel runde Knöpfle formen und gleich in kochendes Salzwasser legen. Ungefähr 20 Minuten leicht kochen lassen. Varianten: Verwenden Sie Bauernbratwurst aus der Dose oder Bratwurststücke! Dazu reichen Sie in Butter geröstete Zwiebeln, Salat oder Sauerkraut.

Rosemarie Stähle, Schorndorf
Elke Steinbrenner, Weinsberg
Elisabeth Volle, Schömberg-Bieselsberg

Tipp: Grundlage für die Wurstknöpfle ist Spätzle-Teig. Knöpfle sind jedoch etwas dicker und runder als Spätzle, dafür deutlich kürzer. Knöpfle stammen aus dem Allgäu, der Begriff stammt vom althochdeutschen Wort »chnodo« ab und heißt übersetzt der Knoten. Knöpfle sind demnach Knötlein.

Weintipp: ein trockener Spätburgunder Weißherbst

Gebackener Bierschinken (Heiligabend-Essen)

Zutaten: 1 dicke Scheibe Bierschinken pro Person, Mehl, Eier, Semmelbrösel, Fett

Die Bierschinken-Scheiben werden erst in Mehl, dann in verquirltem Ei gut gewendet. Danach werden die Wurstscheiben wie Schnitzel in Semmelbröseln paniert. In der Pfanne wird der Bierschinken mit viel Fett auf beiden Seiten goldbraun angebraten. Servieren Sie dazu Kartoffel- und Blattsalate.

Ingetraut Haschka, Asselfingen

Tipp: Seit 34 Jahren serviert Ingetraut Haschka dieses Essen an Heiligabend, das Rezept stammt von ihrer Schwiegermutter. Früher war Bierschinken etwas ganz besonderes, heute zählt er zu den beliebtesten Wurstsorten in Deutschland. Grundsätzlich gilt: je mehr Schinkenstückchen im Bierschinken zu sehen sind, desto besser.

Weintipp: ein trockener Samtrot aus Heilbronn

Gedünstetes Kalbsherz

Zutaten: 500 g Kalbsherz, 50 g fetter Speck, 20 g Butter, 1 Zwiebel, 4 geschälte, entkernte Tomaten, 2 EL Tomatenmark, 3 EL Weißwein, 0,1 l saure Sahne, 1 Eigelb, Zitronensaft, Salz, Pfeffer, Basilikum

Das Herz waschen, säubern und in große Würfel schneiden. Den gewürfelten Speck in der Butter auslassen, die klein gehackte Zwiebel darin dünsten. Braten sie dann die Herzstücke mit und gießen Sie eine halbe Tasse Wasser auf. Fügen Sie die geschnittenen Tomaten, das Tomatenmark und den Wein hinzu. 30 Minuten zugedeckt, später offen weich dünsten. Zum Schluss mit dem Eigelb und der sauren Sahne legieren und würzen.

Marianne Stiehl, Deggingen

Tipp: In Süddeutschland war einst Fleisch das Herrenessen, das einfache Volk musste sich mit den Innereien begnügen. Aus Herz, Leber, Niere, Kutteln, Hirn und Lunge wurden deshalb herzhafte Gerichte kreiert, die bis heute ihre Liebhaber finden. Allerdings: Der Verzehr von Innereien hat sich in den vergangenen Jahren fast halbiert. Meistens landen Innereien deshalb in der Wurst.

Weintipp: ein trockener Schwarzriesling aus Württemberg

Leberklöße

Zutaten: 500 g gehackte Rinderleber, 100 g Frühstücksspeck, 5 Brötchen, 4 Eier, 2 Zwiebeln, Milch, Mehl, Fleischbrühe, Salz, Pfeffer, Muskat, Majoran, Petersilie, Butter

Die Brötchen dünn schneiden, mit heißer Milch übergießen und durchziehen lassen. Die Zwiebeln fein hacken und in Butter andünsten. Gehackte Leber, Zwiebeln, Speck, Eier und eingeweichte Brotscheiben gut miteinander vermengen, mit Gewürzen abschmecken. Nochmals durchziehen lassen. In die kochende Fleischbrühe einen Probekloß geben. Sollte er auseinanderfallen, der Masse noch etwas Semmelbrösel zufügen. Zu Leberklößen passt Kartoffelsalat oder Kraut.

Hanna Müller, Ludwigsburg

Tipp: »Dienschtags gibt's frische Ennereia / do dät sich gwiess mai Schätzle freia / No gang ich gschwend zom Metzger nieber / ond hol a halb Pfond Leber rieber / Ghackt muass se sai ond frisch und guat / dass sich des Gschäft au lohna duat.« (Auszug aus einem Gedicht, das Hanna Müller ihrem Rezept beigelegt hat.)

Weintipp: ein trockener Kerner aus Württemberg

Rouladen »Hausfrauenart«

Zutaten: 4 dünne Scheiben Rindfleisch, 1 Zwiebel, 50 g Speck, 1 Gewürzgurke, 1 EL Mehl, 1 EL Butter, 1 EL Tomatenmark, 0,25 l Rotwein, 1 Becher saure Sahne, 1 TL Speisestärke, Senf, Salz, Pfeffer

Das Fleisch mit Senf bestreichen. Zwiebel, Speck und Gurke fein würfeln und darauf verteilen. Aufrollen, mit Spießchen zusammenstecken, mit Salz und Pfeffer würzen und in Mehl wenden. Butter erhitzen und Rouladen braun anbraten. Das übrige Mehl mitbräunen, dann Tomatenmark, Wein und Wasser hinzufügen. Mindestens cine Stunde schmoren. Rouladen rausnehmen und Sahne mit Speisestärke vermischt in die Soße rühren. Abschmecken und über das Fleisch geben. Variante: mit Hackfleisch und Würstchen füllen!

Rosemarie Müller, Auggen
Waltraud Fischer, Rheinmünster

Tipp: Wer die Roulade erstmals auf den Tisch brachte, ist nicht überliefert. Der Name stammt allerdings vom französischen Wort für rollen – »rouler« – ab. Wenn Sie Rouladennadeln zum Zusammenstecken verwenden, diese vorher in Öl tauchen. Dann lassen sich die Nadeln nachher besser entfernen.

Weintipp: ein kräftiger, trockener Lemberger aus dem Holzfass oder ein Cabernet aus Baden

Kraichgauer Hackbraten

Zutaten: 1 Brötchen, eine halbe rote Paprika, 1 Zwiebel, 100 g Gouda, 300 g Hackfleisch, 2 Eier, Butter, 1 TL Senf, 1 TL Salz, Pfeffer, Paprikapulver, Schnittlauch

Das Brötchen in Wasser einweichen, ausdrücken und zerkleinern. Paprika, Zwiebel und Käse fein würfeln. Alle Zutaten zusammen gut verkneten und in eine gefettete Auflaufform füllen. Den Braten mit etwas zerlassener Butter, Paprikapulver und Schnittlauch verfeinern. Der Kraichgauer Hackbraten kommt bei 170 Grad für rund 40 Minuten in den Ofen.

Silvia Grauli, Eppingen-Adelshofen

Tipp: Mit viel Fantasie sieht der Hackbraten aus wie die Kraichgauer Hügellandschaft, daher der Name. Der Kraichgau wird auch Land der tausend Hügel genannt. Geprägt wird die Gegend von Wäldern, Wiesen, Weinhängen und Wasser. Das milde Klima ist ideal für den Weinanbau, hier wachsen rassige Weißweine und kernige Rotweine gleichermaßen.

Weintipp: ein trockener Acolon

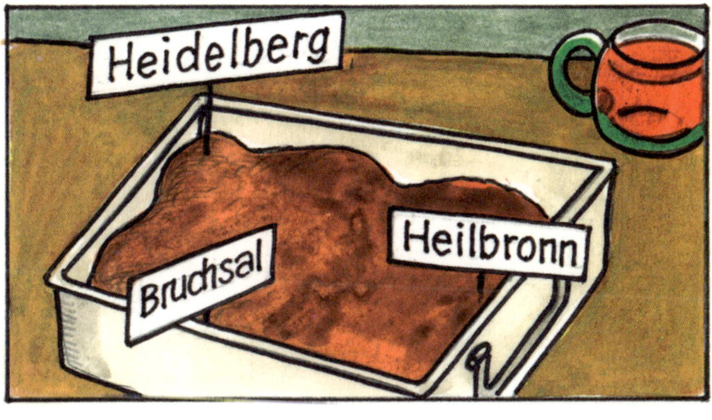

Überbackenes Kassler

Zutaten: 4 magere Kassler ohne Knochen, je 1 rote und grüne Paprika, 2 Stangen Lauch, 1 Zwiebel, 1 Dose Pilze, 2 EL Mehl, eine halbe Tube Tomatenmark, 100 g geriebener Käse, ein halber Becher Sahne, Sojasoße, Weißwein, Pfeffer, Butter

Kassler im Kochtopf mit Weißwein bedecken, 5 Minuten kochen und im Sud erkalten lassen. Paprika, Lauch und Zwiebeln in Streifen schneiden und zusammen mit den Pilzen in Butter andünsten. Dann 2 Esslöffel Mehl zum Binden unterrühren und mit dem Sud aufgießen. Geben Sie noch Tomatenmark, Sojasoße, Pfeffer und etwas süße Sahne dazu. Kassler in eine Auflaufform legen und mit dem Gemüse bedecken. Käse darüberstreuen und im Ofen etwa 30 Minuten backen. Varianten: zum Gemüse noch Weißkraut, Karotten und Brokkoli dazugeben! Oder echt scharf: statt Tomatenmark Chilisoße verwenden!

Rose Reichert, Neuenstein-Löschenhirschbach
Ruth Vogler, Auggen
Klara Maurer, Hornberg-Reichenbach
Annette Ziegler, Beimerstetten-Eiselau

Tipp: Kassler heißt richtig eigentlich Kasseler. Das Kasseler wurde nicht, wie man vielleicht vermuten könnte, in Kassel erfunden, sondern in Berlin um 1900. Der Fleischermeister, der Schweinefleisch erstmals pökelte und räucherte, hieß mit Namen Casseler.

Weintipp: ein kräftiger, trockener Grauburgunder aus dem Holzfass

Ziegenkeule im Römertopf

Zutaten: 1,5 kg Ziegenkeule, Buttermilch,
0,25 l Fleischbrühe, 1 Bund Suppengrün, 1 EL Speisestärke,
1 Becher süße Sahne, 2 TL Edelsüß-Paprika,
ein halber TL Rosmarin, 1 TL Knoblauch, 2 EL scharfer Senf,
Salz, Pfeffer

Die Ziegenkeule drei Tage in einem geschlossenen Gefäß in Buttermilch einlegen, dabei mehrmals wenden. Danach das Fleisch herausnehmen, abtrocknen und mit den Gewürzen und dem Senf einreiben. Die Keule in den gewässerten Römertopf geben, mit Suppengrün umlegen und mit Fleischbrühe aufgießen. Das Fleisch im Backofen bei 200 Grad bis zu 2,5 Stunden garen. Den Sud abgießen, mit Speisestärke binden und mit Sahne verfeinern.

Luise Schnepf, Bischweier

Tipp: Die meisten Ziegen in Baden-Württemberg grasen auf der Schwäbischen Alb und im Schwarzwald, sie spielen eine wichtige Rolle als Landschaftspfleger. Allerdings spielt Ziegenfleisch auf dem Speiseplan der meisten Deutschen keine große Rolle: Nur 0,7 kg pro Kopf werden davon im Jahr gegessen. Ziegenkäse jedoch erfreut sich immer größerer Beliebtheit.

Weintipp: ein kräftiger, trockener Regent aus dem Barrique vom Heuchelberg

Wildgulasch

Zutaten: 1 kg Wildschwein- oder Rehfleisch aus der Keule, 50 g Butterschmalz, 2 Karotten, 2 Zwiebeln, 2 Knoblauchzehen, 1 EL Mehl, 1 EL Tomatenmark, 0,5 l Rotwein, 0,25 l Brühe, Salz, Pfeffer, Wildgewürz, Thymian, Lorbeerblatt, Petersilie

Das Fleisch in große Würfel schneiden und in Butterschmalz anbraten. Würzen Sie den Gulasch und nehmen Sie das Fleisch heraus. Dann klein geschnittenes Gemüse anbraten, mit Mehl bestäuben, Tomatenmark dazugeben und mit Wein und Brühe ablöschen. Das Fleisch und den Knoblauch in die Soße geben, mit Thymian, Lorbeerblatt und Petersilie garschmoren.
Die Garzeit ist abhängig vom Fleisch, rechnen Sie mit bis zu 2 Stunden. Zum Schluss die Kräuter rausnehmen, eventuell mit Preiselbeeren abschmecken.

Doris Bopp, Dettingen unter Teck

Tipp: Wild aus heimischen Revieren ist nach wie vor die beste Garantie für gutes und frisches Fleisch. Rehwild gibt es in Baden-Württemberg ab Mai, vorher ist Schonzeit. Schwarzwild ist ganzjährig zu haben. Bezugsquellen für frisches Wild vermitteln übrigens die örtlichen Jägervereinigungen.

Weintipp: ein trockener Lemberger aus Württemberg oder ein Spätburgunder vom Kaiserstuhl

Grießschnitten

Zutaten: 1 l Milch, 250 g Grieß, 3 Eier, 40 g Zucker, Salz, Zitronenschale, Semmelbrösel, Fett zum Backen

Die Milch mit einer Prise Salz, dem Zucker und der Zitronenschale aufkochen, den Grieß einrieseln lassen und unter ständigem Rühren zu Brei kochen. Nach dem Abkühlen die Zitronenschale entfernen, zwei Eier in den Brei einrühren und die Masse etwa 1 Zentimeter dick auf ein Backblech streichen. Etwa 2 Stunden kühl stellen, anschließend Vierecke schneiden. In einem verquirlten Ei und den Semmelbröseln wenden und zum Schluss in heißem Fett goldbraun backen. Dazu passt Kompott.

Elfriede Moser, Gutach

Tipp: Grieß stammt wie Mehl aus der Getreidemühle. Weichweizengrieß wird vor allem für Babynahrung verwendet, Hartweizengrieß hat in der Nudelproduktion seinen festen Platz. Übrigens: In Baden-Württemberg gibt es noch ungefähr 160 Mühlenbetriebe, die zum Teil ihre Produkte wie Mehl und Grieß auch direkt verkaufen.

Weintipp: eine Weißburgunder Auslese

Ofenschlupfer

Zutaten: 500 ml Milch, 80 g Butter, 1 kg Äpfel, 60 g Rosinen, 4 EL Kirschwasser, 4 Milchbrötchen oder Hefezopf vom Vortag, 100 g Zucker, 3 bis 4 Eier, Zimt, Fett für die Form

Die Äpfel schälen, entkernen und in Scheiben schneiden. Die Rosinen in Kirschwasser einweichen. Dann Brötchen oder Hefezopf in Scheiben schneiden und in zimmerwarmer Milch einweichen, danach ausdrücken. Jetzt die Butter schaumig rühren, Zucker, Eier und Zimt werden untergehoben. Die ausgedrückten Brötchen, Apfelscheiben und Rosinen ganz vorsichtig unter die Masse mengen. Dieser Teig wird in eine gefettete Auflaufform gefüllt und gut 45 Minuten im vorgeheizten Backofen bei 160 Grad gebacken. Die Krönung: vor dem Backen flüssige Sahne über den Auflauf gießen. Dazu passt Vanillesoße oder Kompott.

Brigitte Dieterle, Vaihingen an der Enz

Tipp: Der Ofenschlupfer war früher ein klassisches Arme-Leute-Essen. Er wurde erfunden, um alte Brötchen zu verwerten. Das typisch schwäbische Gericht kann auch pikant zubereitet werden, dann werden Speck, Käse, Paprika, Zwiebeln und Kräuter unter die Brötchenmasse gemengt (Rezept von Renate Maier, Bad Friedrichshall).

Weintipp: eine Riesling Beerenauslese

Arme Ritter

Zutaten: 0,5 l Milch, 3 Eigelb, 2 Eier, 250 g Marzipan-Rohmasse, 150 g Zucker, 2 EL Zimt, 1 Kastenweißbrot, Butterschmalz zum Ausbacken

Milch, Eigelb und Eier miteinander verquirlen. Aus Brotscheiben und Marzipan kleine Sandwiches herstellen und kurze Zeit in der Eier-Milch einlegen. Danach von beiden Seiten in Butterschmalz ausbacken. Vor dem Servieren auf Küchenpapier abtropfen lassen. Mit Zimt und Zucker bestreuen, dazu passt Kirschkompott.

Anneliese Heeb, Fellbach

Tipp: Diese mittelalterliche Speise hat ihren Namen nicht ohne Grund: Zahlreiche Rittergeschlechter verarmten gegen Ende des Mittelalters derart, dass ihre Burgen nicht mehr zu bieten hatten als eine Bauernhütte. Auch die Tische waren nicht mehr reichlich gedeckt. Aber Brot war Grundnahrungsmittel und deshalb immer noch bezahlbar. So entstand diese nahrhafte Speise, die Sie statt mit Zimt und Zucker mit Pfeffer und Salz auch pikant servieren können.

Weintipp: eine Spätburgunder Beerenauslese

Schwarzbrot-Pudding

Zutaten: 5 Eier, 125 g Zucker, 65 g Mandeln, 1 TL Zimt, Zitronenschale, 65 g Schwarzbrot, 1 Glas Weißwein, Weckmehl

Das Eigelb mit dem Zucker schaumig schlagen, dann die abgezogenen und gehackten Mandeln, Zitronenschale und Zimt dazugeben. Das Brot wird gerieben und mit dem Wein angefeuchtet. Den Eischnee steif schlagen und zusammen mit der Brotmasse unter die Eiercreme heben. Streuen Sie eine Form gut mit Weckmehl aus und geben Sie den Pudding hinein, das Ganze wird eine Stunde lang im Wasserbad gekocht. Nach dem Erkalten in Stücke schneiden. Dazu passt Vanilleeis.

Klara Schönmetz, Münsingen

Tipp: »Wer jeden Tag nur Kuchen isst, Pasteten und Kapaunen, der weiß ja nicht, wann Sonntag ist und hat nur schlechte Launen.« Diesen Spruch hat Klara Schönmetz unter ihr Rezept geschrieben. Aber: Brotessen ist in Deutschland abwechslungsreich. Es gibt laut Bäckerhandwerk rund 300 verschiedene Brotsorten. Typisch deutsch ist dabei das Schwarzbrot, das neben Weizenschrot auch einen Anteil an Roggen enthält.

Weintipp: eine Traminer Auslese

Winterliches Kompott

Zutaten: 250 g Birnen, 250 g Äpfel, 2 Orangen, 1 Glas Pflaumen, eine Zitrone (unbehandelt), 0,25 l Pflaumensaft, eine Zimtstange, 4 Sternanis, 100 g Zucker, 2 EL Speisestärke, 250 g Schlagsahne, 1 Päckchen Vanillezucker

Birnen und Äpfel entkernen, schälen und in Spalten schneiden, die Orangen filetieren und die Pflaumen abtropfen lassen. Nun die Zitrone auspressen und ein Stück Schale abschälen. Äpfel und Birnen, Pflaumensaft, Gewürze und den Zucker in einen Topf geben und 3 Minuten köcheln lassen. Die Stärke anschließend mit Wasser glatt rühren und mit dem Kompott aufkochen. Zum Schluss die Orangenfilets und die Pflaumen dazugeben, die Zitronenschale rausfischen. Mit gezuckerter Schlagsahne garnieren.

Stephanie März, Eislingen/Fils

Tipp: Der Begriff »Kompott« stammt von unseren französischen Nachbarn und heißt übersetzt Gemisch. Kompott darf ruhig eine leicht breiige Konsistenz haben. Zur Vorratshaltung wurde Kompott früher von den Hausfrauen in Weckgläsern eingekocht.

Lebkuchen-Schicht-Dessert

Zutaten: 80 g Lebkuchen, 2 EL Orangenlikör oder Orangensaft, 225 g Magerquark, 250 g fettarmer Joghurt, 4 TL Honig, Zucker nach Geschmack, 250 g gemischte Beeren (Tiefkühlkost ist ebenfalls geeignet), gemahlene Vanille, Zimtpulver, Minzeblättchen

Lebkuchen zerbröseln, mit Likör oder Saft beträufeln und zehn Minuten ziehen lassen. Quark, Joghurt, Vanille und Honig miteinander verrühren und mit Zucker abschmecken. Beeren waschen (oder auftauen) und abwechselnd mit Creme und Lebkuchen-Brösel in Gläser schichten. Die letzte Schicht sollte die Quark-Joghurt-Creme sein. Mit Zimt bestäuben und mit Minze garnieren.

Gerda Ott, Bad Rappenau

Tipp: Wie der Lebkuchen zu seinem Namen kam, darüber streiten sich die Experten. Am wahrscheinlichsten ist immer noch die Theorie, dass der Lebkuchen von »libum« abstammt, das heißt im Lateinischen soviel wie Fladen. Lebkuchen wird traditionell in Nürnberg hergestellt, die alte Reichsstadt verdankt dies der verkehrsgünstigen Lage am Schnittpunkt einiger Handels- und Gewürzstraßen.

Weintipp: ein Traminer Eiswein

Amazonas-Becher

Zutaten: 0,75 l Orangensaft, 2 EL Zitronensaft, 125 g Zucker, 0,1 l Weißwein, 40 g Speisestärke, 0,1 l Sahne, abgeriebene Schale einer Orange

Orangensaft, Weißwein, Orangenschale und Zucker zum Kochen bringen. Die mit kaltem Wasser angerührte Speisestärke darunterrühren, Zitronensaft dazugeben und bis zum Erkalten öfter umrühren. Dann die steif geschlagene Sahne unterheben, in Gläser füllen und mit Früchten garnieren.

Anneliese Rizzi, Backnang

Tipp: Dieses Rezept stammt aus einem selbst geschriebenen Kochbuch vom Anfang des 19. Jahrhunderts. Die Autorin war während ihrer Jugendzeit bei so genannten »besseren Leuten« im Haushalt beschäftigt. Das Dessert vermittelt deshalb auch die Sehnsucht nach der großen weiten Welt: Orangen waren damals sehr rar und wurden von weit her exportiert, sie waren das Symbol für puren Luxus.

Präsidentinnenmenü

Hanauer Bollensuppe

Zutaten: 300 g Hackfleisch, 100 g Brät, 1 Brötchen, 2 Eier, 1 Zwiebel, Petersilie, 1,25 l Fleischbrühe, Salz, Pfeffer, Muskat, Paprikapulver

Petersilie und Zwiebel glasig dünsten. Hackfleisch, Brät, das eingeweichte und ausgedrückte Brötchen, Eier und Gewürze dazumischen und abschmecken. Aus dieser Masse kleine Klößchen formen und in die Fleischbrühe geben. Die Klößchen etwa 10 Minuten ziehen lassen. Nach Belieben die Suppe mit Grünkernmehl binden.

Marianne Anselm, Willstätt, LandFrauenverband Südbaden

Tipp: Diese Suppe gab es früher hauptsächlich an Festtagen und sie war von Jung und Alt heiß begehrt, errinnert sich Marianne Anselm. Vor allem die Kinder fragten ständig, wann es denn endlich wieder die gute »Bollensupp« geben würde. Daher auch der Name: Im Hanauer Land bei Kehl heißen Kugeln oder Klöße »Bollen«. Heutzutage kann es die Suppe öfter geben: Die Bollen lassen sich nämlich gut einfrieren!

Weintipp: ein Gutedel aus dem Markgräflerland

Siedfleisch mit Meerrettichsoße

Zutaten: 700 bis 1000 g Siedfleisch (Bug, Brustkern, Überzwerch oder Schwanzstück), 2 bis 3 l Wasser, Suppengemüse (Sellerie, Karotte, Lauch, Zwiebel), 1 EL Mehl, 0,5 l Milch, ein halbes Glas Meerrettich, 1 Ei, Salz

Wasser mit Suppengemüse und Salz aufkochen, Fleisch in die kochende Brühe geben und etwa zweieinhalb Stunden zugedeckt nicht strudelnd sieden. Für die Soße Mehl mit Wasser anrühren, in die kochende Milch einrühren, den Meerrettich und das Salz dazugeben. Kurz abkühlen lassen und schließlich ein Eigelb und steifgeschlagenen Eischnee unterziehen. Das Fleisch wird in Scheiben geschnitten auf einer Platte mit dem Gemüse angerichtet. Dazu werden Salzkartoffeln, die Soße und saure Gürkchen und Preiselbeeren serviert. Wer möchte, kann Zimt und Zucker mischen und über die Soße geben.

Hannelore Wörz, Güglingen,
LandFrauenverband Württemberg-Baden

Tipp: Ein Festessen, das die Oma gern bei Hochzeiten servierte. Siedfleisch ist ein klassisches Suppenfleisch, das hauptsächlich eine gute Brühe ergeben soll. Die Brühe kann man in kleinen Portionen einfrieren und für viele Speisen weiterverwenden, etwa als Bouilllon mit Ei.

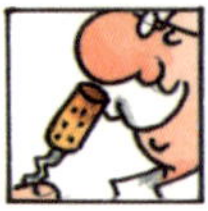

Weintipp: ein halbtrockener Güglinger Trollinger

Überbackene Äpfel

Zutaten: 100 g Walnüsse, 4 Äpfel, 125 g Johannisbeeren, 30 g Butter, 2 EL Honig, 3 EL Sahne, 1 TL Zimt, 2 EL brauner Zucker

Walnüsse grob hacken und mit Butter, Honig, süßer Sahne und Zimt 2 Minuten köcheln lassen. Dann die Äpfel schälen, halbieren, Kerngehäuse entfernen und mehrmals fächerförmig einschneiden. Diese Hälften mit der gewölbten Seite nach oben in eine feuerfeste Form legen, mit der Nussmasse übergießen und mit den Johannisbeeren ausfüllen. Abschließend mit Zucker überstreuen und 30 Minuten bei 200 Grad backen. Dazu passt Vanilleeis bestens.

Toni Teufel, Inneringen,
LandFrauenverband Württemberg-Hohenzollern

Tipp: Botanisch betrachtet ist die Walnuss keine echte Nuss, sondern eine Steinfrucht. Merkmale guter Qualität bei Walnüssen sind dünne Schalen und eine helle Farbe. Walnüsse sind vor allem wegen ihres hohen Vitamin-B-Gehalts eine ausgesprochene Hirn- und Nervennahrung.

Weintipp: eine Gewürztraminer Auslese oder eine Müller-Thurgau Auslese

Anschriften der LandFrauenverbände in Baden-Württemberg:

LandFrauenverband Südbaden im
Badischen Landwirtschaftlichen Hauptverband e. V.
Friedrichstraße 41
79098 Freiburg
Telefon (07 61) 2 71 33-28
Fax (07 61) 2 71 33-1 45
Internet: www.landfrauenverband-suedbaden.de

LandFrauenverband Württemberg-Baden e. V.
Bopserstraße 17
70180 Stuttgart
Telefon (07 11) 24 89 27-0
Fax (07 11) 24 89 27-50
Internet: www.landfrauen-bw.de

LandFrauenverband Württemberg-Hohenzollern
im Landesbauernverband in Baden-Württemberg e. V.
Gartenstraße 63
88212 Ravensburg
Telefon (07 51) 3 60-7 60
Fax (07 51) 3 60-7 80
Internet: www.landfrauenverband-wh.de

Die Arbeitsgemeinschaft der LandFrauenverbände in Baden-Württemberg ist der Zusammenschluss der über 85 000 LandFrauen Baden-Württembergs.

TYPISCH BADISCH.
BADEN
SPÄTBURGUNDER
ROTWEIN
SPÄTLESE TROCKEN
QUALITÄTSWEIN MIT PRÄDIKAT
Baden macht verliebt.
Zum Beispiel in den exzellenten badischen Spätburgunder. Ein Wein wie eine Liebeserklärung: Angebaut von Tauberfranken bis zum Bodensee verlockt er leuchtend rubin- bis dunkelrot und entwickelt ein reichhaltig fruchtiges Aroma. Absolute Spitzenklasse: Typisch badisch eben.
Kommen Sie doch zu uns nach Baden.
www.badischer-wein.de
Die Badische Weinstraße
BADISCHE BERGSTRASSE
Rhein
KAISERSTUHL
TUNIBERG
MARKGRÄFLER LAND
TAUBERFRANKEN
Neckar
KRAICHGAU
ORTENAU
BREISGAU
BODENSEE
BADISCHER WEIN
von der Sonne verwöhnt